歴史文化ライブラリー
328

失業と救済の近代史

加瀬和俊

吉川弘文館

目　次

失業の歴史を考える意味――プロローグ

1　失業の歴史を考える意味

働いて所得を得なければならない大多数の人びとにとって、失業は生活の手段が得られないことを意味すると同時に、社会のなかに自分の居場所が見つからないことでもあるから、その苦痛はいつの時代にも非常に深刻である。

失業は現に失業している人びとだけの問題ではない。それは、希望する職業が見つからずに、意に沿わない仕事を続けながら転職を希望している人びとにとっての問題でもあり、さらに、勤務先の企業の経営事情によってはいつでもクビになってしまう可能性がある大多数の勤労者にとっても「明日は我が身」の問題である。

本書は、戦前日本における失業問題の歴史を明らかにする。経済の発展度が現在よりもずっと低かった戦前には、働き口は少なく、失業者は今よりもずっと多かったのだろうか？　それとも、働いていた人びとの半数以上は農業などの自営業に従事しており、企業を解雇された人びとは出身地の農村に帰って親族に扶養される場合が多かったから、失業による生活難はごく一部の人びとの問題にすぎなかったのだろうか？　失業保険制度がなく、生活保護も失業者には与えられないというしくみの下で、失業者たちはどのようにして生活したのだろうか？　本書はこうした問題を考えながら、戦前期の失業問題の歴史的な特徴点を把握することを意図している。そしてそのことを通して、今日の失業問題の独自性を考えるための視点を得たいと願っている。

日本の失業問題・失業対策の歴史については、これまで充分な研究がなされてこなかった。その理由は、諸外国に比較して日本では失業問題は深刻ではなかったと漠然と考えられてきたからである。しかし、本文で述べるように、現実にはそれぞれの時代に、それぞれの失業問題があり、失業対策が試みられていたし、一九二〇年代から三〇年代前半期には、それが深刻な社会問題となっていた。そうした失業問題・失業対策の特質を明らかにすることは、その時代の経済・社会構造を、その基底＝底辺の側から解明する作業である。

経済史研究の分野では、近代日本の経済的推移を、その産業成長の側面に注目して楽観的・肯定的に描く著作が主流化している。しかし、失業問題の歴史を明確にし、それを近代日本の歩みを決定づけた重要な要因の一つとして把握しなおすこと、ジグザグの過程をたどった経済成長がその支え手たちを、ある時は職業生活から放逐し、ある時は再吸収しつつ、労働力需給の調整をはかったことが、一回かぎりの個々人の生活史とどのように関わっていたのか――こうしたことの意味を解明することが、経済史を研究する際の不可欠の課題であると私は考えている。

加えて、失業問題は単なる経済的事象ではなく、政治的・社会的な病理現象でもあって、政治的動向と深く結びついていることにも注意を払いたい。たとえば、一九二九年（昭和四）に発生した経済危機＝世界恐慌に翻弄される世界のなかで、日本は、輸出拡大と軍需工業化という強行的な景気回復策を採るにいたった。その際、日本経済が国際競争に打ち勝たなければ再び不景気に陥り、失業の危険性が増すのではないかという多数国民の不安感が、対外強硬路線に対する余儀なくされた支持の背景にあったと見られるのである。

そうであるとすれば、失業問題は経済史的分析だけではなく、政治史の動向とも、社会史・国民思想史のあり方とも関連づけて深められなければならない多面的な研究対象であると思われる。本書がそのための、ささやかな問題提起となることができれば幸いである。

失業問題の歴史を追う

戦前の失業問題の特徴――現代の失業問題との共通点と相違点

本書では、失業者の生活実態、失業問題に対する対処構想、実際に行われた失業対策とその効果、採用されなかった失業対策の内容などについて考えていくが、まず初めに戦前の失業問題を考えるためのいくつかの前提的な論点について、現在の失業問題と比較しつつ、ふれておきたい。

失業の意味と範囲

戦前の日本には、どれほどの失業者がいたのだろうか？　失業は社会問題としてどの程度の重みを持っていたのだろうか？

戦前日本で全国にわたって失業者数が調査されたのは、一九三〇年（昭和五）一〇月一日に実施された国勢調査の中の一項目だけであるので、その数値を見ると、失業者総数は約三二万人（男子二九万人、女子三万人）である。失業率は失業者数を「雇用労働者数＋失業者数」で割った数値であるので、「雇用労働者数」として当時の推計値約六〇〇万人を採ると、失業率は約五％となり、ほぼ現在と同水準であったといえる。また、全就業者数（その過半は雇用労働者ではなく農家などの自営業者であった）約三〇〇〇万人（男子一九〇〇万人、女子一一〇〇万人）で割れば、約一％（男子一・五％、女子〇・三％）となる。

現在（二〇一〇年）の失業者数は、毎月の「労働力調査」によれば約三三〇万人（男子二〇〇万人、女子一三〇万人）、雇用者数が約五二〇〇万人（二〇〇五年の国勢調査）であるから、今日と比較すると絶対数で一〇分の一、失業率ではほぼ同水準となる（両者の違いは今日では自営業者が少数になり、就業者六一五〇万人の八四％が雇用労働者であることによる）。

以上の数値から、失業率が今日と同水準であることを重視するのか、失業者の絶対数が一〇分の一にすぎなかったことを重視するのか、受け取り方の違いはあると思われるが、政府統計のとおりに三〇万人強（家族を含めて一〇〇万人程度）の失業者にすぎなかったとしても、その重みは無視できないと筆者は考えている。

ところで本書で対象とする「失業」という概念は、「失業者」と自認している人びとが感じる、日常的な意味での「失業」である。したがってそれは官庁統計でいう「失業者」の定義とはかなりずれている部分がある。たとえば就職活動をしても職業が見つからないので、しかたなく週に一日だけごく短時間のアルバイトに従事した場合、あるいは家業の農業や商店を手伝った場合、統計的には「所得のための仕事をしている」有業者であって、失業者ではない。このことは、自分を失業者と考えている人びとの数は、統計的に把握された失業者数よりも相当に多いことを意味している。

また、戦前と戦後で「失業」の把握が異なっている点についても注意が必要である。新規学卒者などで就職先が見つからずに失業状態にある人びとや、自家の農業・商業などに従事していた者が新たに職を求めて得られない場合、戦後の統計ではこれを失業者と見なしているのに対して、戦前はそうではなかった。

「失業」は Unemployment の訳語であり、Employment（雇用）がない状態を意味するから、その真意は「非雇用」というべきであるが、この訳語として戦前日本で用いられた「失業」（明治期には「失職」という用語のほうが一般的であった）には「職業を失う」という意味が含まれていた。このため戦前の「失業者」は「雇用されていったん職についていた者のうち、その職を失った者」だけをいい、新規学卒者や農家二三男など、雇用された仕事を失ったことのない求職者――当時は自営農家の二三男は小学校を卒業すると自家農業に従事し、二〇歳前後になってから初めて雇用先を探す場合が多かった――は失業者に含めていなかったのである。当時も不況時には新規学卒者の就職難が大きな社会問題になっていたが、統計上は若年失業者がほとんどまったく存在しないことになっていたのはこのためである。

本書では、実質的な失業者を広く対象として検討を進める立場から、失業統計では把握されなかった者のなかにも実質的には多くの失業者がいたと考え、そうした人びとの実態にもふれていく。

失業問題が深刻な社会問題となった背景

失業は当事者および家族の生活苦・貧困をもたらすが、それがただちに深刻な社会問題となるかどうかは、種々の時代的条件によって異なる。本書では、日本は一九二〇〜三〇年代、深刻な社会問題として失業問題を抱えていたと判断しているが、それは以下のような時代的条件を念頭においているからである。

第一に、好景気から不景気への推移によって一時的に失業者が発生するという事態は、資本主義経済にはつきものであり、短期間で再び好景気になる場合には失業者もほどなく雇用機会を得て生活が出来るようになるから、失業は発生しても大きな社会問題とはならなかった。しかし、不景気が長期化して多くの失業者が再雇用されない場合、機械化の進展によって必要労働者数が抑えられた場合、人口増加にともなう求職者数の増加が産業の拡大度を超えて余剰人員が累増している場合、戦争の終了などによって労働力需要が一挙に縮小した場合などには、失業の結果として賃金が下がって自然に労働力需要が増加することを期待できない状況になる。そしてそうした将来不安は、失業問題を深刻な社会問題として意識させることになる。

第二に、失業者の生活水準が、有業者のそれに比較して著しく悪化すること、換言すれば、就業者の生活が一応の安定的水準を享受できる段階となったために、それを失って失業状態が長期化した場合に、生活水準の落差が著しく大きく感じられ、窮迫感や将来不安が深刻化し、社会問題として強く意識されるようになることである。

明治時代にも失業者はもちろんいたのであるが、有業者の大半も貧困であって生活難がありふれていた当時にあっては、失業者とその他の多数の貧困者の区別はあいまいであり、失業問題がとくに注目される条件はなかったといえる。

これに対して、日露《にちろ》戦争後から第一次大戦期の都市勤労者層の増加とその生活水準の一応の安定は、いったんその安定が失われた際の物質的・精神的打撃を大きくし、一九二〇年代の失業問題を、深刻な社会問題として意識させたといえる。その意味では、失業問題は多数の雇用労働者の生活の向上・安定を前提として表面化したと解釈できるのであって、働く人びとの大半が平等に貧しい場合には社会問題化することはなかったともいえる。

第三に、失業者が増加しても、彼らが依存できる諸制度が機能していれば失業問題は深刻化しない。その制度の一つは、親族による扶養であり、他の一つは生活保護・失業者救済のための公的な諸制度である。失業問題が最も深刻であった一九三〇年前後には、このどちらの制度も十分には機能しなかったために、失業問題が社会問題化せざるをえなかったのである。

というのは、その時期には農業恐慌《きょうこう》が激しく、農家が親族の生活を支えることができなくなっており、いったんは農村に戻った都市失業者の多くが、再び職を求めて都市に流入せざるをえない状況が一般的であった。また、失業者の生活を支える失業保険・失業手当制度は存在せず、生活保護制度はその対象から労働能力を有する者を除外していたから、失業者が依存できる公的な救済策はほとんど存在しなかったのである。

一九二〇年代～三〇年代前半期の日本では、以上のような条件が重なったことによって、失業問題がはじめて大きな社会問題となったといえる。

失業と資本主義

失業問題は、資本主義経済にとって根本的な難点をなす問題であり、資本主義経済が今日まで続いてくる過程で、各国はそれが深刻な社会問題として爆発しないように、種々の方策を用いてこれを制御してきた。

原理的にいえば、社会主義経済体制の下では失業問題は存在しない。賃金を得て生活しなければならない人びとの人数が定まれば、国（国営企業）がそれだけの人数を雇用すればよいのであって、企業に必要な労働者総数に比較して現実の労働者が過剰であれば、一人当たりの労働時間を減らせばよいからである。

これに対して資本主義社会は、個々の私的企業がおのおの勝手に雇用者数を定めるのだから、各企業が勝手に決めた雇用量の総和が賃金を得て生活を立てなければならない人数とちょうど一致するという保証はまったくない。したがって、不景気が長く継続する場合、あるいは企業が機械を導入して雇用者数の削減を図った場合には、近代日本のような人口増加社会では、雇われて生活しなければならない人びとのうち、職を得られない人びとが必ず存在することになってしまうのである。

歴史的経験によれば、こうした事情で生活できない労働者とその家族が大量に窮乏状態に置かれた時には、失業者たちは黙っておとなしく餓死《がし》したり、家族を餓死させたりするよりも、ゴミ箱をあさり、施《ほどこ》しを請《こ》うといった消極的対応から始まり、盗みを働いたり、集団的に略奪・暴動を起こしたり、他方では官公庁に対策を求める陳情を繰り返すといった行動に進んでいく。その流れはさらに、無政府的な混乱に進む場合もあり、失業問題を深刻化させた経済体制の転換を求める政治運動につながる場合もあった。いずれにせよ、それは社会を大きく動揺させるマグマを蓄積させる要因であった。

資本主義社会の主人公である資本家は、一面では失業を必要とし、失業問題の解決を欲しない。失業の恐れがあるからこそ、そして失業すれば生活できなくなることを知っているからこそ、労働者たちは単調で・つらく・苦しい労働に耐えているからである。失業しても生活が保障されるのであれば、爆発・落盤の危険に満ちた暗黒の地底で石炭を掘ることも、転落すれば必ず死ぬような高所で鳶《とび》労働に従事することも、蒸気に蒸されながら繰《く》り糸女工《いとじょこう》として働くことも、誰も希望しなくなってしまうことを資本家は知っている。その意味では、失業しても生活できるしくみを整備してしまったら、資本主義は維持できないのであって、資本主義社会を存続させるためには、資本家は失業問題の解決に反対せざるをえないのである。

本書で具体的に見ていくように、日本の資本家・資本家団体は、政府が立案した失業者対策構想に対して、そのほとんどすべてに反対している。それは失業対策を実施した場合の副作用（労働強度の低下、実質賃金の上昇、労働者が解雇・失業を恐れなくなって経営者に対して自立的姿勢を強めることなど）が経営者にとってマイナスであることを知っていたからである。

しかし、国家はそうはいかない。国民の多くが失業して生活ができず、その結果として盗難や暴動が起こるといった事態は、加害者・被害者双方の国家への信頼を失わせ、社会的・政治的・経済的混乱を深める。普通選挙が実施されている社会では、そのことは政権の退陣・交代を迫る事情となりうる。失業問題が解消されては困る資本家層も、失業問題が治安問題となり、資本主義経済に対する多くの人びとの反発を強化するほどに深刻になってしまえば、そして普通選挙によってそれが資本主義に批判的な政権の成立にいたる危険があるとすれば、そうした事態を放置しておくわけにはいかない。

こうして失業の存在を必要としつつ、失業問題の激化を一定の範囲内にとどめようとする対応が必至となる。国家はこうして資本家層と部分的には対立しつつ、基本的には彼らの許容する範囲内で、失業対策を案出し、実施することになる。日本における失業対策をめぐる論争史は、資本家・資本家団体と政府との資本主義を維持するためのコストをめぐる対立と妥協の歴史であった。

現代の失業問題との相違

失業は、資本主義が内在的に生み出す労働力需給の不整合であるから、その意味では戦前も戦後もその基本的性格は共通しており、戦前の失業問題を理解することは今日の失業問題を理解することにつながるといえる。しかし失業問題の具体的様相については、両者間で相当異なっている面もあり、今日の事態を念頭において本書を読むと、違和感を感じる向きが少なくないように思われる。そこで、今日とは異なる重要な側面について若干の指摘をしておきたい。

第一に、戦前には、失業はほぼ男子に限定された問題であると認識されていた。現実には雇われなければ生活できない女子も決して少なくなかったし、それは時代とともに増加してきたのだが、女子は未婚の間は親に養われ、結婚してからは夫に養われるべきものと考えられていた当時にあっては、同時代人にとって女子の失業は可視的ではなかった。このため、不景気のたびに多数の女工が解雇された事実は広く知られていたにもかかわらず、官公庁の失業者統計で彼女たちが失業者にカウントされることはほとんどなかったし、失業者の生活実態の調査対象にもなっていない。この点は、女子の失業者数、失業保険金受給者数が男子と互角の位置を占めている今日の状況とは大きく異なっている。

第二に、戦前の日本は今日に比較して圧倒的に農業社会であり、労働者の大半も農家の出身者であった。このため、失業して生活できなくなった都市労働者の相当部分は、いったんは農村の親元に身を寄せて身のふりかたについて相談することが多かった。そのまま親元で生活した者はそれほど多くはなかったが、男子の離職者の三割程度の人びとが離職直後には「帰農」したことを示す統計が残されている。この場合、彼らは失業者としては把握されず、農業就業者や農村在住の無業者としてカウントされる場合が多く、このことが結果として、失業者数を実際よりも相当に少なく見せることになった。

江戸時代〜明治時代の失業者

近代日本において失業問題が重大な社会問題として表面化したのは、一九二〇年（大正九）から一九三五年（昭和一〇）ころまでの約一五年間程度であった。しかしそれ以外の時期にも失業問題は存在していた。本章では、日本経済の推移と失業問題の推移を大まかに跡づけることを通じて、失業問題が最も深刻な様相を呈した一九三〇年前後の時期の歴史的位置を明確にしておきたい。

江戸時代

江戸時代には、企業が多数の人間を雇用するという関係はほとんどなく、農業、商業、鍛冶屋《かじや》、大工などを家業として営む自営業が大部分を占めていた。したがって耕地が狭い零細農家、顧客の少ない商人や職人などの貧困問題はごく普通に見られたが、雇われる機会がないという意味での失業問題はほとんど存在しなかった。

例外的に見られたのは、土地を離れて浮浪者化した元農民や主君を失った武士などであった。

新田開発が広範に進展した地域・時期を除けば、農地を複数の子供に分割できなかった通常の規模の農家の場合、他の家に嫁ぐ女子は別にして、男子一人（通常は長男）が跡取りとなり、それ以外の二三男は独身のまま跡取りに従属して生活することになったが、そうした二三男が農村を離れて自立しようとした場合に、首尾よく働き場所を見つけることができずに浮浪者・無宿者《むしゆくもの》になることがあった。また病気や浪費といった個人的事情や自然災害・凶作などによって、年貢《ねんぐ》や借金を払えずに村から逃げ出さざるをえない農家もあった。こうした人びとは雑多な日雇労働などに従事して生計を立てようとしたが、浮浪化しやすく、失業者の先駆的形態に陥ることがあった。これに対する単純な対応策が「人《ひと》返令《がえしれい》」であり、寛政改革《かんせいかいかく》と天保改革《てんぽうかいかく》の際の都市流入規制・帰農奨励策がその代表例といえる。

人足寄場《にんそくよせば》はこうした浮浪者を収容し、簡易な建設作業などの仕事を行わせ、生活の糧《かて》を与えるために作られた。具体的には一七九〇年（寛政二年）に江戸石川島《いしかわじま》（現中央区佃《つくだ》島《じま》）に幕府が設置したが、これは幕末まで存続し、平均四〇〇〜五〇〇人を収容していたという。

他方、武士の場合には、改易《かいえき》などによって主家が断絶したり、財政事情によって家臣の数が減らされたりすることによって失業する場合があった。武士は土地を取得して農業を始めることもできず、年齢的に商店の丁稚《でっち》になることもできず、職人となる技術もなかったので、新たな仕官先を求めて「浪人《ろうにん》」＝失業状態を続けざるをえなかった。浪人たちが用心棒《ようじんぼう》（守衛・警備職）として雇われたり、傘張《かさは》りなどの内職（問屋制《といやせい》経営下の賃仕事）によって糊口《ここう》をしのいでいる状態といえよう。

こうした事実上の失業者は、幕末に近づくにつれて次第に増加していったと見られるが、この事実は幕藩体制下の経済・社会構造が解決困難な問題を内部に抱えて、新たな経済・社会構造への転換を求めていることを意味していた。下層武士層を担い手とした倒幕運動の展開とそれによる明治新政権の成立は、こうした生活難の人びとの現状変革の希望を間接的ながら反映した動きであったと解釈できる。

明治時代前期

世界経済との関係を絶っていた江戸時代とは異なって、幕末の不平等条約によって自由貿易を強制された日本は、先進工業国の製品が自由に流入する状況の下で工業化を進めなければならなかった。このため外国市場が求める特産物である生糸《きいと》・茶などの輸出によって外貨を獲得し、それを活用して生産設備・原材料の輸入、外国人技術者の雇用を図り、紡績業・鉱業、外国との競争のない鉄道業といった限られた分野で工業化を進めていった。その過程で、官営企業形態で工業化を推進した段階（一八七〇年代）、官営企業を払い下げて民間産業育成策を進めた段階（一八八〇年代）といった試行錯誤の政策転換がなされていた。

経済実態が江戸時代と大きくは変わっていなかったこの時期には、産業の大部分は農業であり、国民全体が貧しかったから、失業問題はほとんど意識される条件がなかった。家業に従事しているのではなく雇われて働いていた人びととしては、女中・奉公人、商店の店員などが人数的には多かったが、これらの人びとは賃金が明確なかたちで払われていない点や、雇用主との間に身分的関係が深くからみ、年少者のしつけの意味を兼ねていたことなどもあって、近代的な労働者とはいいにくい存在であった。

これに対して、紡績業・製糸業などの工場では、明確な雇用関係が形成されていたが、その労働者は未成年の少女が大部分であった。彼女たちのうちで離職した者、解雇された者は親元に帰って家業に従事することが当然と考えられており、対策を要する失業問題として認識される条件はなかった。

他方、この時期にも男子労働者は特定の分野には存在していた。女工中心の紡績業にも力仕事を要する工程を担当する相当数の男子職工が雇用されていたし、鉱業、鉄道業、軍《ぐん》工廠《こうしょう》、土木建築業などは男子が大半であった。雇用者は親方層を中心に年配者も存在したが、絶対数としては若年者・未成年者が多く、年齢が進行するにともなって自営業主化していくという職人的なライフコースが一般的であり、扶養家族を持つ雇用労働者が多数を占めている状況ではなかった。

武士の失業問題

一方、旧武士階級の失業問題は、維新変革の成否に関わる重大問題であった。新政府は維新実現の中心となった雄藩《ゆうはん》から官僚層を調達し、地方でも従来の藩士を地元の官僚としてそのまま採用することを避けて新政府の意向を担った人びとを据えた。また、新たに創出された軍は、国民から徴兵制度《ちょうへいせいど》によって召集した無償の兵士によって構成されることになり、職業軍人の数はごく少数に制限された。したがって武士の多くは従来の職を失うことになった。

国家は、武士が得ていた旧来の給与（俸禄《ほうろく》）を一時金形式で（ただし現金はないので金禄公債証書）与え（一八七六年）、その償還《しょうかん》までは利子を支払いつつ、償還によって俸禄支給関係を廃止する方針をとった。以後、武士は金禄公債を活用して事業を起こしたり、それを売却して生活費にあてることを余儀なくされた。新たに事業を起こした者には未開墾地の提供などの便宜が図られた場合もあるが、「士族の商法」によって多くの者が財産を失い、発展しつつある産業の労働者として雇用されなければならない立場になっていった。

明治時代後期—失業問題の顕在化過程

一八九〇年代以降の明治後半期になると、先行して発展した繊維産業を追って造船業を含む機械工業・金属工業なども発展しはじめ、日本は後進国段階から中進国に進み始める。

日清《にっしん》戦争（一八九四～九五年）前後における重工業の育成、日清戦争勝利による中国からの賠償金をテコとした産業育成策（金本位制《きんほんいせい》採用、台湾経営を含む）が、こうした流れを強力に推進した。また、民間産業の展開を支える金融機関・諸団体が一九〇〇年前後にいっせいに設立され、以後はそれらの金融機関・産業団体の判断によって自律的な成長が進められることになった。

一九〇〇年代には、国営八幡《やはた》製鉄所創業による鉄鋼自給化政策、外資導入政策への転換による積極的産業育成、外地への投資（満洲・朝鮮）が進展するようになった。こうして、日本は農業国段階から工業国段階に移り、アジアのなかでは唯一の自律的な資本主義国家となるに至った。

この時代に貧困問題とは区別される失業問題が自覚されるようになったが、その経路は二つあった。

男子労働者増加の影響

第一は、扶養家族を持つ男子労働者の人数が増加したために、景気変動にともなう雇用者数の増減に対応してその失業問題が表面化するようになったことである。繊維産業では、未成年の女工を次々に入れ替えて雇用することによって低賃金にとどめていたが、経験を積んだ熟練工を不可欠とする重化学工業では、企業にとって短期的に労働者を入れ替えることは得策ではなく、長期勤続が増加していった。その結果、扶養家族を有する職工の比重が高まり、その賃金水準は単身者の生活費ではなく、世帯＝核家族を維持できる水準に引き上げられるようになり、世帯員の生活水準は都市雑業層のそれよりも相当に高くなってきた。このことは景気が悪化して企業が職工層を解雇した場合に、いったん上昇した生活水準からの落差が大きくなり、客観的にも主観的にも失業の打撃が以前よりも厳しいものになったことを意味している。

彼らとその家族は、その労働・生活スタイルからしても、出身地の親元に帰って農業に従事することは困難であったし、親元でも農地を分割して彼らに与えることはできなかったから、多くの者が失業者として都市部に止まって再就職の機会を探さざるをえなかった。こうした滞留者は、失業期間が長引いて家賃が払えなくなると、都市スラムに流れ込んだため、そこには従前からスラム居住を続ける慢性的な雑業層（半失業者層）と、職工層から転落して流れ込んだ新参の失業者層とが混在していた。「貧民窟」の「探訪記」が新聞に頻繁に掲載されるようになったのはこの時代である（たとえば、横山源之助『日本之下層社会』など）。

高等教育機関卒業生の就職難

第二に、官公庁の吏員採用方針が近代化され、一八九〇年前後から藩閥関係者による職員の恣《し》意的縁故採用方式が変化し、高等教育機関卒業生を試験によって登用《とうよう》する方式が定着していった。この流れは、民間企業でも進展することとなり、経済発展による事務労働の増加にともなって、一九〇〇年前後からは有力民間企業の事務労働者は基本的に学卒者から採用されるようになった。

こうしてホワイトカラー職種へのルートができあがると、上級学校への進学熱は一八九〇年代から明瞭なものとなった。このことは高等教育機関の入学試験の倍率を大幅に引き上げ、倍率の高さが定員の増加をもたらし、それがさらに進学希望者を増加させるという循環を形成していった。

しかしその採用数は、景気変動によっても、企業の方針によっても、不安定に変動せざるをえない。その結果、日露戦争前後の時期に、高等教育機関卒業者の就職難の問題が表面化し、「高等遊民」問題として問題視されるようになった。一定の学歴を得た者はそれにふさわしい職業を求めるという事実を前提にすれば、ホワイトカラー職種が学歴保有者の増加と歩調を合わせて増加しなかったために失業状態に陥ったのである。仕事の質を問わなければ就職口はあるのであるが、質的なミスマッチによって失業者が発生してしまうという新しい問題である（町田祐一『近代日本と「高等遊民」――社会問題化する知識青年層』）。

対策はいまだ検討されず

このように、産業発展にともなって失業問題は次第に顕在化してきたが、その人数が限られていたこともあり、それが直ちに失業対策をめぐる議論や現実の失業対策を引き出したわけではなかった。そして、当事者たちはいつまでも待業状態を続けることはできず、都市雑業層の一員として日雇層を含めた雑多な職業に就きつつ、縁故などを通じて求人の機会を待つといった現実的な選択をせざるをえなかったから、それぞれの人びとの職業選択の運・不運といった個人的問題を越えた社会問題として自覚されるには至らなかった。地主などの地方資産家層の出身者が多かった「高等遊民」の場合には、国元に帰って地方資産家の親族で営む事業の一員として働いたり、その他の雑多な事業機会に就業の場を求めていったと思われる。

こうして明治後半期、とくに日露戦争後には失業問題が次第に表面化し、貧困問題一般（主として病気や家族の欠落などに由来する）とは区別された経済問題として認識される状況になってきたといえるが、その規模はいまだ限られており、それに対する対策が取り上げられるほどの重大問題として認識される段階ではなかったといえよう。

第一次世界大戦と失業問題発生の予感

第一次大戦前の日本経済

日本は一八八〇年代後半から近代工業の発展期に入り、一九〇〇年代に一応の資本主義国家になった。就業者数としてはまだまだ農民が多かったとはいえ、経済を動かす中心的産業分野は、家族経営による農業部門から企業経営による工業部門に転換したのである。この結果、農家、家族的零細商工業世帯の経営主以外の兄弟・子供たちは、経営主の下で従属者として働き続けるという旧来の立場を離れて、雇用者となって自立し、新たに世帯を形成できるようになったから、人口増加がさらに促進されることになった。

同時にそれは、景気悪化時には企業から解雇されて生活の糧《かて》を失う人びとが増えることも意味しており、日本経済は不況の長期化には堪えられない体質を持つにいたったともいえる。

資本主義経済は、国家が経済計画を立ててそれにそって企業が事業を行うのではなく、個々の企業が市場の動向を測りながら個々の判断によって事業活動を拡張したり縮小したりするものである。したがって、景気が拡大する時は、どの企業の判断も積極化して景気過熱に向かいやすく、それによって増加した在庫を消化するために生産規模を縮小しなければならない調整局面が避けられない。

まして当時の日本では、景気がよくなると機械類・原材料類の輸入がまず増えるために、輸入額が輸出額を越えて貿易収支が赤字になり、景気を抑制して貿易収支の赤字を抑えなければ外貨不足に陥って正常な国際取引ができなくなるという制約があった（途上国である日本の通貨＝円では外国の物資は購入できなかったので、輸出によって得たポンド、ドルの範囲内でしか、外国の物資を購入できなかった）。この事態は、「国際収支の天井」と呼ばれるが、このため、好景気が長く持続することは不可能であり、数年間の好景気の後には不況＝調整局面が避けられなかった。その意味で景気変動の存在は、日本経済にとって避けられないものであったが、景気変動による失業者の発生と再吸収が、次第にその規模を大きくしながら進展していったのである。

しかも、日本の人口は、明治時代に入ってから急増に転じ、*その人員増加年齢層が明治中期以降、いっせいに職を求める事態になっていた。職業を必要とする人びとが毎年増加するなかで、失業問題の素地が確実に拡大していったのである。

＊　日本内地に居住している日本国籍の人口（ただし外地駐在の軍人・軍属は含む）は、一八七二年（明治五）の三四八一万人から、一九〇〇年の四三八五万人、一九二〇年（大正九）の五五四七万人、一九四〇年（昭和一五）の七一九三万人へと急増している。厚生省人口問題研究所『人口統計資料集』（研究資料第二七八号）一九九三年。

第一次世界大戦の勃発

一九一〇年代の前半期は明治末期の様相が継続していたが、一九一四年（大正三）七月に欧州大戦（のちの呼称は第一次世界大戦）が勃発すると、一九一〇年代後半を通じて日本経済は空前のブームにわき、世界の有力国の仲間入りをすることができるまでに成長した。欧州各国から日本・アジア諸国への輸出がなくなったために、欧州の製品に対して競争力を持っていなかった日本の工業製品が国内市場を確保できるようになっただけではなく、いまだ自力では工業製品を生産できなかったアジア各国へ日本の工業製品が輸出されていったからである。

このため企業の利潤は急増したが、賃金の上昇が物価の上昇に遅れたために、消費水準はむしろ悪化しており、それが全国的暴動である米騒動《こめそうどう》（一九一八年）を引き起こすことにもなった。

この時期の雇用労働者数の増加は前代未聞の規模を示した。農商務省編『工場統計表』によって職工五人以上の工場の労働者数を見ると、一九一四年の男子三八万人、女子五六万人から一九一九年にはそれぞれ七四万人、八七万人となり、五年間で男子では倍増、女子でも五五％の増加を見せていることがわかる。狭い耕地で営々と働いていた貧しい農民たちが、求人の増加によって炭鉱労働者や工場労働者などに転じることができるようになったことが、労働者数増加の大きなルートであったが、それだけではなく、都市の雑業的就業者や各種の自営業従事者の多くが正規の雇用労働者に転じていったのである。

高学歴失業者問題の伏線

他方、読み書きができた人びと（小学校教員や巡査が人数的には多かった）は折から急増した貿易実務を含む事務労働の担い手として転職したから、教員や巡査の人手不足が大きな問題として意識されるようになった。その結果、経済成長を続けるために、増加する事務労働を担えるだけの中高等教育機関の卒業者の増加が強く要望されることになった。

こうした事態を受けて一九一八～一九年（大正七～八）に中高等教育機関の増設・学生定員の大幅な増加を含む教育制度改革が決定されたが、これは一九二〇年代に大量の高学歴者を生み出し、のちに見るように高学歴失業者問題の深刻化の伏線となった。ともあれ、この時期に日本は未曽有《みぞう》の好景気を謳歌《おうか》し、労働者数は急増したのである（表1）。

表１　教育機関別の在学者数

年　次	中学校	高等女学校	高等学校	専門学校	大学	師範学校
	（百人）	（百人）	（百人）	（百人）	（百人）	（百人）
1915 年	1420	959	63	310	97	271
1918 年	1590	1189	68	401	90	253
1920 年	1772	1513	88	398	219	266
1925 年	2968	3014	169	484	467	455
1930 年	3457	3690	206	700	696	439
1932 年	3295	3617	206	673	702	369
1935 年	3407	4121	179	709	716	298

出典：『日本近代教育百年史　5』12 頁.

はじめての失業対策構想

しかし、このような被雇用者数の急増は戦後に激しい失業問題が到来することを為政者たちに予感させることになった。すなわち、戦争が終了して欧州各国が国際貿易に復帰した場合、日本商品は国内でもアジア各国でも売れなくなり、日本企業は事業の縮小を余儀なくされ、労働者の解雇が避けられなくなるであろうと予想されたのである。景気の上昇が激しい物価高をもたらして全国的な食料暴動（米騒動、一九一八年〈大正七〉八月）を引き起こした状況が、この危惧《きぐ》に強い現実感を与えていた。

このため、米騒動で寺内内閣が倒壊した後に発足した原内閣の内務大臣（内相）・床次竹二郎《とこなみたけじろう》は、一九一八年一二月に内務省に救済事業調査会を設置して、来たるべき失業問題に対する対策構想について諮問した。これに対する答申として「失業保護に関する施設要綱」が一九一九年三月に決定された。その内容は、諸外国ですでに採用されている失業対策の項目のうちから、国家および企業の負担になることが予想される失業給付策は落として、残りの施策の主要なものを列挙しただけであった。すなわち、職業紹介所の設置、事業主が解雇を避け、解雇する場合は手当を支給するよう配慮すること、公共事業の時期を調整すること、帰農・移住を奨励することといった項目がその主要な内容であった（労働省編『労働行政史』第一巻、労働法令協会、一九六一年、一六八〜一七一頁）。

この構想は、失業保険・失業手当制度への言及を避けて、公共事業の実施時期についての配慮を重視している点において、伝統的な貧民救済理念である勤労主義（「金品を与えず、仕事を与える」）に立脚している（この伝統的見解を早期に定式化して、以後の社会行政に大きな影響を及ぼした著作が井上友一《いのうえともいち》『救済制度要義』である）。

以上のような制約を持っていたとはいえ、日本で初めて固有の失業対策構想が政府関係機関で検討され、その結果が公表されたという意味で、この文書は新しい時代の到来を示すものとなった。

失業対策についての国際的配慮

政府に対して失業問題への準備を促した今一つの事情は、国際的な配慮であった。一九一九年（大正八）六月二八日に締結されたヴェルサイユ条約では、その「第一三編（労働編）」で新興の社会主義国家ソ

ビエト連邦に対抗するために資本主義諸国間の協力が約束されていた。その論理は、

①　労働条件が悪い国と良い国とが併存していると、悪い国の製品の国際競争力が高くなるから、どの国も労働条件を改善しようとしなくなってしまう、

②　それゆえ労働条件の向上を実現するためには、加盟国が共通の内容・程度でその改善を約束し実施する必要がある、

というものであった。「一国に於て人道的労働条件を採用せざるときは他の諸国の之が改善を企図するものに対し障碍《しょうがい》と為《な》るべきに因《よ》り」、「失業の防止」を含めて各国の協調が必要であるという主張である（前掲『労働行政史』第一巻、一八一頁）。

こうした資本主義国共通の社会主義への対抗意識のなかで、国際労働機関（ＩＬＯ）の第一回総会は一九一九年一〇月に開催されたが、日本は政府・資本家・労働者の各立場の代表を送り、この議論に加わっている。

この時点では、日本の官僚・政治家たちは、先進国の仲間入りをしたという強い意識を持っており、失業対策を含む労働条件の改善についても世界標準に追いつくことを意図して積極的な姿勢を打ち出そうとしていたといえる。これに対して、資本家団体・労働団体は、ともに来るべき失業問題に対して新たな対応策を構想することはいまだなかった。

一九二〇年代〜三〇年代初頭——戦後恐慌・金融恐慌・昭和恐慌と失業問題

雇用不安の時代

一九一八年（大正七）一一月に欧州大戦が終結すると、日本経済は大きく動揺した。欧州の優秀な製品が再び競争者として流入し、日本の製品が売れなくなると危惧《きぐ》されたからである。しかし、ほどなく楽観論が復活し、欧州製品の復帰までには相当の時間がかかりそうなこと、しかも欧州の復興需要はむしろ日本製品の輸出機会になるという期待が強まり、大戦期以上の好況局面が再び訪れたのである。

この戦後好況はほどなく投機化し、実需から離れた過剰な生産・在庫をもたらした。その結果、必然的な調整局面として一九二〇年三月に戦後恐慌《きょうこう》が勃発し、時代は一転して不況期に入ったのである。以後、関東大震災（一九二三年九月）、金融恐慌（一九二七年〈昭和二〉三〜四月）、昭和恐慌（一九三〇〜三一年）のそれぞれの時期に多くの企業が倒産・事業縮小を余儀なくされ、多数の労働者が解雇されたので、失業問題が一気に大きな社会問題となったのである。

加えてこの時期には、海軍軍縮条約による造船業の縮小、財政再建のための行政整理（官公吏数の削減）も政策的に実施されたので、熟練労働者、公務員の失業も増加傾向をたどっていった。

このうち昭和の劈頭《へきとう》に突然起こった金融恐慌は多数の銀行が取付《とりつけ》にあい、相当数の銀行が倒産した事件であった。銀行の倒産は連鎖的に事業会社の破綻をもたらしたが、なかでも最大の商社であった鈴木商店*の倒産は、多数の関連会社を道連れにした影響の大きな事件であった。国際的に事業を拡大し、大卒者を多数雇用していた大企業が倒産、その従業員がいっせいに失業したことは、働く者全体に失業が他人《ひと》ごとではないことを意識させた。

＊ 鈴木商店は神戸の砂糖商人であったが、専売制であった樟脳《しょうのう》（セルロイドや火薬の原料、防虫剤などに用いた）の販売権を独占するなど、台湾総督府・台湾銀行との密接な関係を持ち、特に第一次世界大戦期に急成長して日本最大の商社となった。

一九三〇〜三一年の昭和恐慌の時点は景気が最も落ち込み、失業問題が最も深刻に意識された時期であった。当時の世界標準であった金本位《きんほんい》制度に戻るためには、対外支払い額を海外からの収入の範囲に抑えなければならないと意識されていたが、そのためにはまずは景気を抑制して原材料・機械類などの輸入を抑え、貿易収支の赤字を解消しなければならないとされ、財政・金融の引き締め政策がとられたのである。

一九二〇年代にも人口の増加と、自営業者から雇用労働者への転化は確実に進行しており、雇用機会の不足が表面化していたが、それだけではなく前掲表1（二九頁）に示されるように、大戦中の教育制度改革の結果として中高等教育機関卒業者が飛躍的に増加していた。この結果、求職者に対して就職機会が不足するという量的な意味での失業問題とともに、学歴にふさわしい職業が得られないという質的な意味でのミスマッチも深刻化せざるをえなかったのである。

労働者数の伸び悩み

ここで労働者数の増減についての統計にふれておこう（「工場統計表」の数値をもとにした『長期経済統計2　労働力』の推計値による。図1・図2はその概要を表示している）。

これによると第一次大戦期に急増した工業（工場）労働者数は、一九一九年（大正八）以降、横ばいないし微増に転じ、一九一九年の三二八万人から一九二四年の三三四万人に推移している。一九二〇年代後半はやや増加して一九二九年（昭和四）に三九三万人となった後、昭和恐慌期には減少に転じて一九三一年の三六六万人に縮小している。その後は一九三二年から一転して増加に向かい、一九三三年に四二〇万人、一九三六年に五〇一万

図１　工業従事者数（男女計）

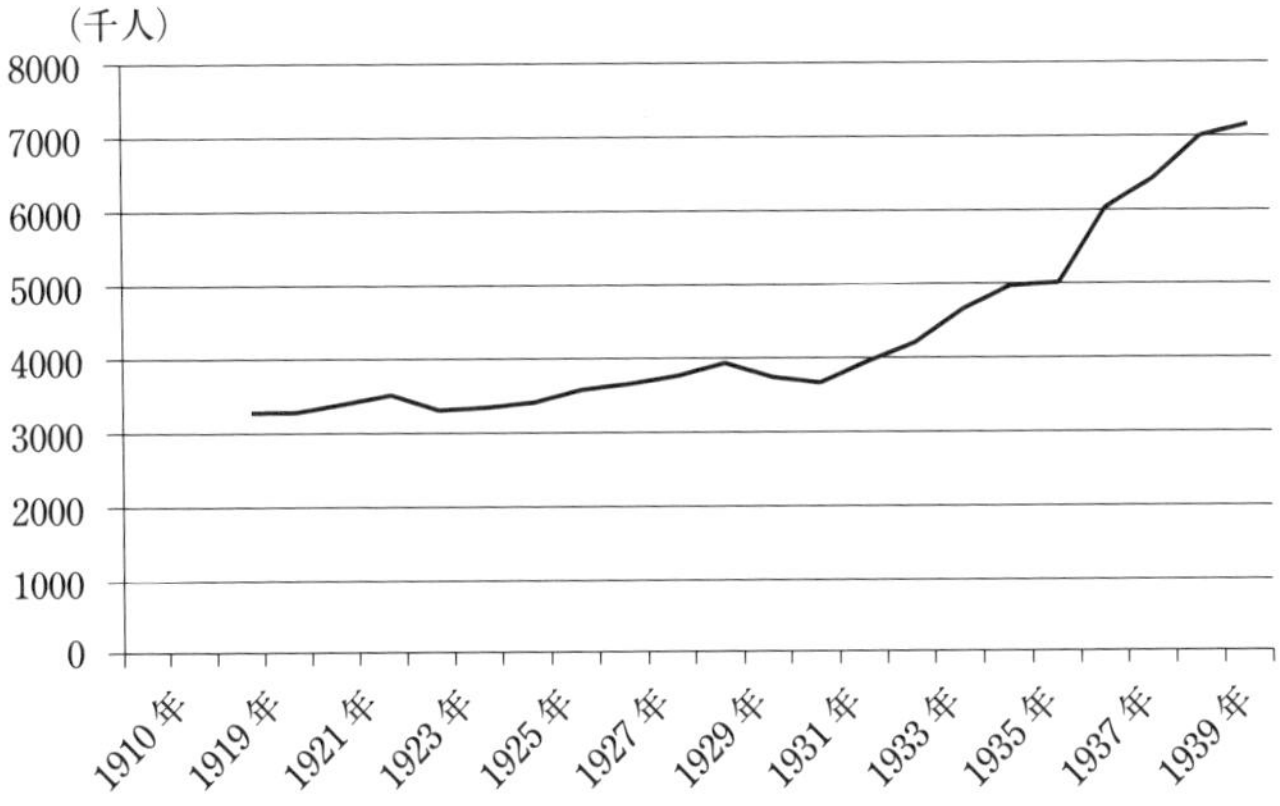

出典：梅村又次ほか編『長期経済統計２　労働力』東京経済新報社，1988年.

図２　鉱業従事者数（男女計）

出典：梅村又次ほか編『長期経済統計２　労働力』東京経済新報社，1988年.

人、一九三七年に六〇三万人、一九三九年に七〇〇万人へと一直線に急増していることがわかる。

鉱業労働者の人数の変動はさらに顕著であり、大戦中には一九一五年の三五万人から一九一九年の五二万人に急増した後、一九二二年の三四万人へ急減し、以後その水準で小幅の変動を続けたが、恐慌期にはさらに減少が進み、一九三二年に二一万人のボトムを示している。以後は景気の回復とともに増加に転じ、一九三七年には四二万人、一九四〇年には六三万人に達しているのである。

以上の動向から判断すれば、一九一九年までの大戦期と一九三二年以降の積極政策期という二つの景気拡張期にはさまれた一九二〇年から一九三一年までの時期が、マクロ的に見て就職難の時代であったことが明瞭である。この時点で学校を卒業して求職せざるをえなかった人びとの多くは満足な職業に就くことができず、その後に好況に転じて以降も、後から来たより若い世代に先を越されて、長く不安定な就業状況を続けなければならなかったのである。

造船業における人員削減

こうした工業全体における人員調整の動きは、大戦中に急拡大した産業・企業でとくに厳しく、その代表が造船業であった。大戦中に欧州（とくにイギリス）の船舶がアジアからいっせいに引き揚げた後を受けて、

図3　三菱造船所の在籍人員

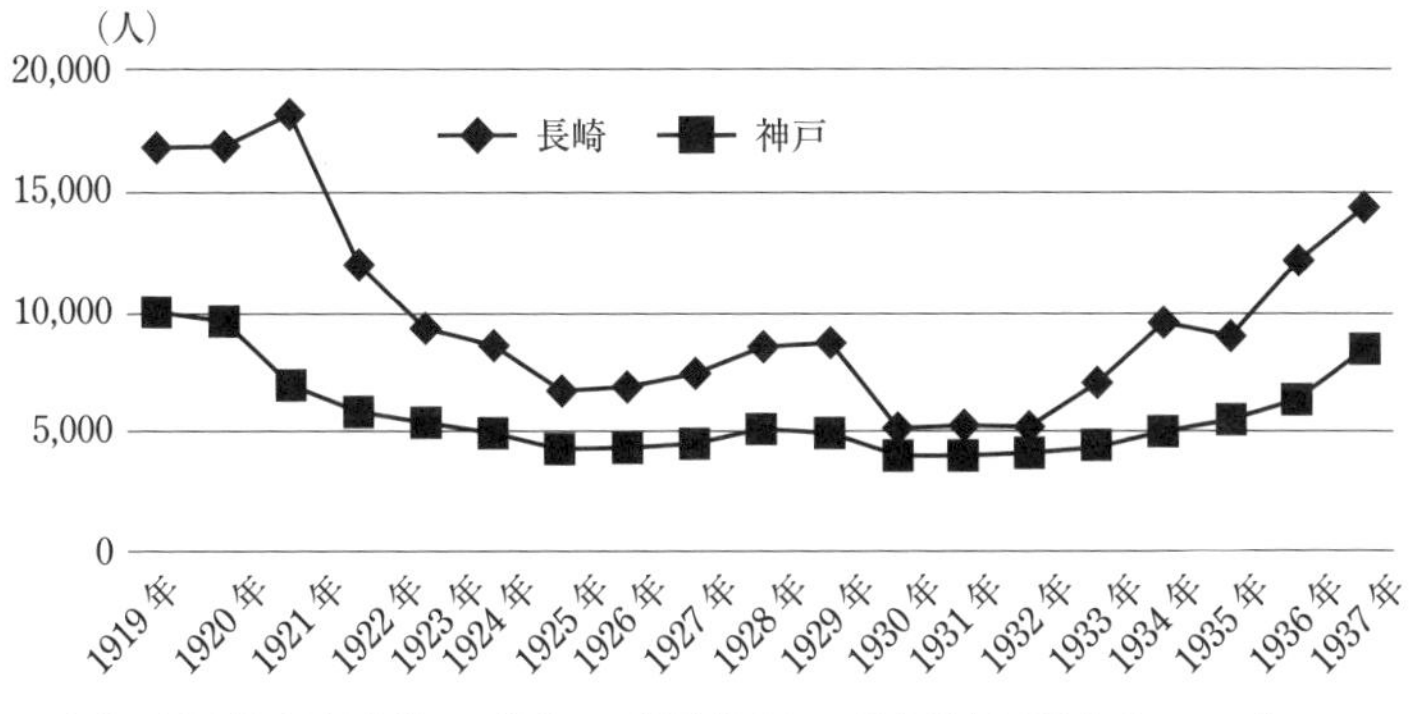

出典：尾高煌之助編『旧三菱重工の労働統計』一橋大学経済研究所，1978年.

日本の海運業は急成長したのだが、その海運業は日本の造船企業から大量の船舶を購入していたし、財政の好転に支えられて軍艦の建造も増加していた。それゆえ大戦の終了による海運業の不況への転落によって、造船業の生産の急減、利益低落は顕著になり、倒産する企業が相継いだ。これに加えて、造船大企業の経営を支えていた軍艦製造がワシントン軍縮条約（一九二二年〈大正一一〉）により削減されたという事情が加わった。

かくて一九二〇～二二年に造船業において大規模な人員削減が行われることになった。たとえば、三菱造船所の場合には、図3に示されるように、その人員の減少は工業全体で見た場合よりもはるかに顕著である（尾高煌《こう》之《の》助《すけ》編『旧三菱重工の労働統計』一橋大学経済研究所、一九七八年）。

まず最大の長崎造船所では、大戦中の一万六〇〇〇人台から一九二一年の約一万八〇〇〇人に増加した後で減員に転じ、一九二五年には六六七二人にまで下がっており、ほぼ三分の二が解雇されたことがわかる。その後は一九二九年（昭和四）までやや持ち直して八七〇五人となったが、一九三〇年には五〇〇〇人台に減少して一九三二年まで横ばいに推移している。人員が上昇に転じるのは一九三三年以降であるが、日中戦争期の一九三八年にも、いまだ一九二一年の水準を越えてはいない。また、神戸造船所ではピークの一九一九年の九九九五人から一九二五年の四二二八人に減少し、以後、ほぼ四〇〇〇人台のまま推移し、一九三四年以降にようやく反転して上昇に向かっている。

高学歴者の増加と就職難

もちろんこうした状況の下では、職工の解雇だけではなく、中高等教育終了者が教育の成果を生かした部門に就職できないという問題も深刻になった。ちなみに中学校卒業者数の推移を見ると（『日本帝国統計年鑑』各年版）、一九一九年（大正八）の二万四〇〇〇人弱から一九三二年（昭和七）の六万一〇〇〇人まで顕著に増加しており（二・六倍）、人数が抑制に転じるのはようやく一九三三年以降であることがわかる。志願者数は一九二三〜二五年に一五万人台のピークを示した後、中小地主層の経済的余裕がなくなったこと、進学しても就職できない状況が広く知られるようになったことなどによって、一九三二年の八万人台にまで減っているが、にもかかわらず志願者が入学者をなお大きく越えている状況の下では、入学定員を減らすことは容易にはできなかったのである。

また、高等教育機関の卒業者数については、大学卒業者数が一九二〇年の五〇〇〇人から三〇年には二万人へ、同じ期間に専門学校卒業生が七〇〇〇人から一万六〇〇〇人へと増加している（社会立法協会編『給料生活者問題』一九三三年、一九五頁）。その絶対数は今日とは比べものにならないが、そのことは彼らが少数のエリートであったことを意味しており、その人びとの多くが卒業と同時に失業者にならざるをえなかったことは、彼らの政治・経済体制に対する失望感・不信感を強めさせることになった。

官公吏数・職業軍人数の削減

これに対して官吏（文官の勅任官・判任官・奏任官の合計）の現員数の推移を見ると、一九二三年（大正一二）の一五万九〇〇〇人をピークとして一九三〇年（昭和五）には一二万七〇〇〇人にまで減少している（『日本帝国統計年鑑』各年版による）。帝大生であれば教授の推薦を得られればほぼ採用されるといった状態はすでに過去のことになっていたが、行政整理によって現職の減員がなされている状況では就職口は年々狭くならざるをえなかったのである。

また、陸軍・海軍の職業軍人についても、一九二一年をピークとして人員増加がとまり、緩やかながら減少に向かっていることが確認できる（一九二一年の一万五七六五人から一九

宇垣一成

山梨半蔵

二六年の一万三七三二人に減少し、以後は横ばいで一九三一年に一万三七六五人となっている。『日本帝国統計年鑑』)。これは世界的な軍縮ムードとその具体的成果としての海軍軍縮条約の成立と呼応した動きであった。新聞が軍縮と普通選挙を最大の政治課題として連日主張しているなかで、陸軍でも一九二二〜二三年に陸軍大臣（陸相）・山梨《やまなし》半造《はんぞう》によって、一九二五年には陸相・宇垣《うがき》一成《かずしげ》によって、軍縮が実施されて、将校の一部が退役させられたのである。

幼少時から軍人になるべき教育されてきた職業軍人志望者にとっては、こうしたポストの削減は自らの居場所を減らされることを意味しており、それを遂行している政党内閣の軍縮政策に対する憎悪は大きなものがあった。

軍人の特殊な職業経験では、事務能力を求められる会社員になることも、熟練技能を必要とする技師・職工になることも困難であり、総じて再就職は厳しいものであった。

満洲事変《まんしゅうじへん》に際して出先軍隊が独断専行で軍事行動を拡大したことはよく知られているが、戦争を起こしてしまえば、本国政府はその戦争のために予算と人員を認めざるをえなかったから、対外侵略戦争への独断行動は、軍人の意識においては、退役させられた仲間の失業問題を打開するための連帯行動の意味も持っていたのである。

失業問題が思想問題を引き起こした

すでに見たように第一次大戦期に雇用者数は急増し、雇用者の構成も大きく変化したが、その趨勢《すうせい》は大戦後に頭打ち状況に陥った。

こうした就業者数の推移は自然に生じたのではなく、企業による雇用者の解雇、新規若年者への置き換えを伴っていた。このため、戦後恐慌以後の解雇に際しては、解雇に反対する激しい労働争議がいくつも起こっているし、それを避けるために一定規模以上の企業の多くでは、法的には義務づけられていない「解雇手当」を支払って解雇者の反発を回避することに努力するようになった。

こうした景気の変化は、直接には政府の政策の失敗によってもたらされたものではない。しかし、生活不安の下におかれた失業者はもとより、失業者となることを恐れている労働者も、就職口があるか否かに大きな不安を持っている就学者たちも、政府が有効な対処策をとろうとしないことに対して強い批判意識を持たざるをえなかった。政党政治＝大正デモクラシー状況の下での政府批判の底流には、雇用問題＝失業問題が大きなテーマとして存在していたといえる。

学校を卒業しても就職すべき職が得られるかどうかに大きな不安を持たざるをえなかった若者たち、とくに高学歴の若者たちを中心に、満足に就職機会を提供できない経済体制は人びとの幸福と相容れないのではないかとみなす気分・認識が広まっていった。そしてその原因について、企業の個別的利害を基本として経済・社会が組み立てられている資本主義というしくみが、人びとの幸福と両立しない元凶であると考え、平等に職を分けあう社会主義のほうが人間を幸福にするのではないかと考える者が急増していった。

こうして、インテリの若者たちが左翼思想を抱き、正義感の強いその一部の者が実践活動に参加するようになった。いわゆる「思想問題」の発生である。一九二〇年代の日本においてマルクス主義が一挙に広まったのはこうした事情によっていた。*

＊　この点は当時から広く指摘されていた。「失業は実に致命的苦痛で……絶望的となり呪詛《じゅそ》と反抗の念を懐くやうになつて思想を悪化し反社会的思想を醸生することは必然的」といった論評がそれである（福原誠三郎「我国失業状態の観測」『社会政策時報』一九二九年九月号、二一五頁）。

思想問題対策と左翼思想への弾圧

政府は失業問題それ自体よりも、「国体」（天皇制的資本主義体制）への批判意識が国民のなかに強まることを恐れていたから、「思想問題」に対して極めて過敏であった。

政府は治安維持法を一九二五年（大正一四）に制定して、天皇制批判・私有財産制否定の思想を抱き、運動に関わることを刑事罰の対象として厳しい弾圧を加える態勢を整えた。左翼運動に参加・支援していた者を、特別高等警察（特高）が全国一斉に逮捕した一九二八年（昭和三）三月一五日、一九二九年四月一六日の二度の大弾圧は、失業問題の解決は資本主義経済の下では不可能だと考えて左傾化した労働組合活動家や学生らを一網打尽にして、その思想の放棄を迫るものであった。しかし、就職口のない者が資本主義を嫌悪するというこの時代の気分を払拭することは、失業問題を解決しないかぎり不可能であった。

失業対策の開始

失業者数についての統計は、一九二五年（大正一四）一〇月の国勢調査（この調査に付随して全国二四ヵ所を抽出して失業者数の調査が実施された）の結果が判明する時点まで存在しなかったが、失業者が増加していることは各種の状況から明らかであったので――日雇失業者が職を求めて市役所や職業紹介所を占拠する、解雇反対・復職要求の争議が多発する、失業を理由とする盗難・自殺が増加するなど――、政府は何らかの対策をとらざるをえなくなってきた。

こうした状況に迫られて実際に採用された最初の失業対策は、無料の職業紹介所の設置であった。その内容は、市町村が無料の職業紹介所を設置して求職者に職業紹介を行った場合に、その費用の一部を国家が負担するというしくみであった（職業紹介法制定、一九二一年。前掲『労働行政史』一七六頁）。

職業紹介法の制定

公的な職業紹介事業は国際労働機関が推奨した政策でもあり、大都市部では都市自治体の負担によってすでにある程度普及していた実績もあり、資本家の反対もなかったからスムーズに政策化されている。とはいえ職業紹介事業は求人と求職者を仲介するだけであって、新たに求人を作り出すものではないから、求人の減少によって失業問題が深刻化している趨勢に対しては無力であった。

失業給付策の検討

このため政府は、欧州諸国の多くですでに実施されていた失業保険制度（ないし保険方式をとらない失業手当制度）の採用を構想したが、失業者数の現状も将来見通しも定かでなかったために、財政負担の予測がつかず成案を得ることができなかった。

一方、資本家たちは失業給付政策に対しては全面的に反対した。その理由は、実利的な意味では企業負担が増えることに反対であったからであるが、理念的には「失業しても生活できる」というしくみを作ってしまえば、労働条件の悪い労働を低賃金で担う者がいなくなってしまうことを恐れたからであった。

もっともすでに述べたように、一定規模以上の民間企業では、解雇反対の労働争議を回避するために、被解雇者に金一封を渡して次の仕事を見つけるまでの当面の生活を可能にする措置をとる事例が多かった。この方向は、政府が造船業・軍工廠《ぐんこうしょう》の解雇に際して「国の政策の変化によって解雇される労働者に対しては国はこれを保護すべきである」（一九二二年二月二日の衆議院決議「軍備縮小に基因して生ずべき失業労働者の善後に関する建議」）として解雇手当を支給したことによって、推奨すべき措置として資本家たちにも容認されるようになり、大企業の多くはこのしくみを取り入れるようになっていった。*

＊　ただし資本家たちは、解雇手当は資本家の温情によって支給するものであるから、被解雇者は権利としてそれを要求することはできないし、その金額・条件は資本家が任意に決められるものでなければならないと考えており、この点が後に大きな問題になったのである。

日雇失業者に対する失業救済事業の制度化

日雇《ひやとい》労働者を中心とする建設業関係労務者・都市貧民の失業状態は、常勤的労働者とは別の意味で深刻化しつつあった。その日の収入によってその日の生活を維持している彼らは、失業が数日間続けば野宿を余儀なくされたから、失業日数が増えるにつれて、仕事と宿泊場所と食事を求めて市役所に押しかけ、こぜりあいを繰り返すようになっていた。

こうした事態を受けて、一九二五年度（大正一四年度）の冬期から失業者を就労させることを目的として公共事業（失業救済事業）を実施する政策がスタートすることになった。これは当初は、日雇仕事の減る冬期だけ、日雇者の多い六大都市だけに限定した事業であった。この決定は、日本が欧州諸国型の失業保険方式――主たる対象は工場労働者、事務労働者――の採用をひとまず断念して、日雇労働者を主対象とする失業救済事業方式を採用したことを意味し、政府の採用した失業対策の主目的が、都市暴動の防止という治安対策であったことを示している。

戦前日本の失業対策は、構想としては種々の範囲にわたっているが、実際に実施された政策としてはこの失業対策事業がほぼ唯一のものであった。したがって、以後、失業状況が深刻化するにつれてこの事業規模が拡張されて、多数の失業者が雇用される

手帳交付者数（年齢階層別）

	構成比					
合計	－20歳	21－30歳	31－40歳	41－50歳	51－60歳	61歳－
147,856人	7.1%	33.3%	32.2%	19.6%	7.1%	0.7%
171,489人	7.4%	30.3%	32.0%	21.2%	8.4%	0.7%
151,062人	6.4%	28.2%	32.0%	22.9%	9.6%	0.9%
101,658人	6.1%	25.0%	32.4%	24.8%	10.5%	1.1%
96,451人	5.8%	23.5%	31.6%	26.2%	11.6%	1.3%
51,286人	2.2%	17.5%	31.4%	31.6%	15.2%	2.0%
37,190人	1.5%	13.0%	29.0%	35.2%	18.5%	2.8%
24,694人	2.1%	11.3%	24.5%	34.3%	23.8%	3.9%
17,965人	4.2%	14.5%	22.1%	31.7%	22.7%	4.7%

ように変化したし、一九三二〜三三年（昭和七〜八）以降に失業者数が徐々に減少すると、一転してその規模が圧縮されていったのである。

とくに一九二九年度には金本位制への復帰を目指してデフレ政策（大蔵大臣・井上準《いのうえじゅん》之助《のすけ》の名前をとって「井上財政」と呼ばれる）が意識的に採用されたが、この政策の副作用として失業者の増加が確実に予想されたため、失業救済事業が制度的に拡張された。すなわち、事業実施時期を冬期限定から周年実施としたこと、事業実施地を六大都市限定から全国で実施可能としたことなどの変更がなされている。

この制度改定の結果、失業救済事業に就労を希望して登録を認められた人びとは、一九二五年の二万四〇〇〇人、二九年の四万人から三一年の約一四万八〇〇〇人、三二年の約一七万一〇〇〇人へと急増していったのである（表2）。

表2　日雇失業者労働

	実数					
	－20歳	21－30歳	31－40歳	41－50歳	51－60歳	61歳－
1931年	10,513人	49,179人	47,558人	29,051人	10,487人	1,047人
1932年	12,634人	51,955人	54,913人	36,278人	14,435人	1,274人
1933年	9,622人	42,632人	48,332人	34,644人	14,456人	1,376人
1934年	6,211人	25,452人	32,921人	25,222人	10,699人	1,153人
1935年	5,552人	22,714人	30,469人	25,271人	11,219人	1,226人
1936年	1,127人	9,000人	16,124人	16,182人	7,819人	1,034人
1937年	571人	4,826人	10,796人	13,091人	6,897人	1,027人
1938年	525人	2,791人	6,047人	8,471人	5,889人	971人
1939年	756人	2,613人	3,971人	5,687人	4,083人	845人

俸給生活者への失業救済事業開始

加えて、一九二九年度には俸給生活者に対する救済策が初めて採用された。当初は、俸給生活者も失業すれば日雇労働者用の失業救済事業に就労すればよいと考えられていたのであるが、事務労働者や高等教育機関卒業者らは失業しても日雇労働者となることが体力的にも精神的にも困難であって、失業者のままにとどまっていることが通例であった。

こうして制度化された「俸給生活者失業救済事業」の内容は、官公庁事務の一部を失業した俸給生活者に限定して提供するものであった。これは実質的には行政整理によって不足した官公吏の実務的作業を、何人ものアルバイトで分け合うにすぎないものであったが、将来展望も当面の対応策も見いだせずに困窮していた失業事務労働者に一定のよりどころを与えた効果は小さくなかったと見られる。

とはいえ、これによって雇用された人数は、事務労働者の失業者数、約六～八万人（社会局社会部『失業状況推定月報概要』による）に対して一〇〇〇人～五〇〇〇人と限られていたから、この事業の対象になれた者はごく一部に限られていたことになる。

失業救済事業も俸給生活者失業救済事業も、「惰民を養成する」ことを避けて「仕事を与える」方策であり、すでに国際標準化していた失業保険制度・失業手当制度を拒否することによって採用された日本的対策であった。この方式の下では、与えるべき仕事の内容が見いだしにくい工場労働者ら一般労働者に対する対策は、実施される余地がなかったのである。

高橋財政と景気の強行的回復

満洲事変と民政党内閣倒壊

民政党内閣による一九三〇〜三一年（昭和五〜六）のデフレ政策は、日本経済を国際経済秩序のなかで再生させようとしたオーソドックスな政策であったが、世界恐慌《きょうこう》の時期に重なったこともあって、「昭和恐慌」と呼称される予想を超えた厳しい経済不振を引き起こした。この結果、倒産の増加、失業問題の深刻化が前代未聞の状況になり、政治不安が加速度的に進行し、予定どおり緊縮政策を継続することが困難になってきた。しかし内閣は政策の変更が出来なかったため、恐慌は予想を超えて長期化していった。この動きを突然断ち切ったものは外的な二つの動きであった。

第一には、官僚機構の一部である軍部が、内閣の統制を離れて勝手に動き出したことである。具体的には一九三一年九月に軍部が満洲事変《まんしゅうじへん》を起こし、中国東北部一帯を軍事占領して日本の傀儡《かいらい》国家＝満洲国の建国に突き進んでしまったことである。これは世界中の人びとにとって明白に日本の侵略行為と認識され、以後、日本は一九三三年の国際連盟脱退をはじめとして国際的孤立の道を歩むことになるが、さしあたっては内閣に対して軍事費の急増を強制し、税収の範囲に財政支出を押さえ込むという緊縮財政の継続を不可能にさせた。

第二は、深刻化する不景気への対処のための政策転換と、軍部の独自行動に対処するために、対立する二大政党で協力内閣を作ろうと意図した内相・安達謙蔵《あだちけんぞう》の言動によって、閣内不一致が表面化し、内閣が総辞職を余儀なくされたことである。

政友会・犬養内閣の成立と蔵相・高橋是清の積極政策

こうして一九三一年（昭和六）一二月に民政党内閣（前首相の浜口《はまぐち》雄《お》幸《さち》が狙撃されて死亡したために、若槻《わかつき》内閣となっていた）は瓦解《がかい》し、政友会《せいゆうかい》・犬養《いぬかい》内閣が成立した。新たに大蔵大臣（蔵相）となった高《たか》橋是清《はしこれきよ》はただちに金本位制《きんほんいせい》を停止したため、為替は固定相場から大幅な円安へと変化し、日本の輸出が急増する条件が開かれた。*

＊　具体的には、一九三〇～三一年の金輸出解禁時には一〇〇円に対して四九ドル台（簡略にいえば一ドル＝二円）であったが、一九三一年一二月の金輸出再禁止から円相場が急速に低下し、一九三二年

の最低水準は二〇ドル（すなわち一ドル五円）を割るほどになった。以後は若干持ち直したものの、三〇ドル前後（すなわち一ドル＝三円三〇銭程度）で推移している（日本銀行『明治以降本邦主要経済統計』三二〇頁）。

また、赤字国債の日銀引き受け方式を採用して、税収をこえて大幅な財政拡張を行い、軍事産業への発注増加や公共事業の拡大を含む積極財政が展開された（いわゆる「高橋財政」）。こうして輸出増加と軍需工業化に主導された景気回復の局面が開始され、一九三二～三五年にかけて景気は明るさを取り戻していった。

この政策は、二年半に及ぶ緊縮政策によって不良企業の多くが整理されてしまっていたこと、不況下の生産低迷によって在庫水準が低下していたこと、失業者の増加によって低賃金で追加労働力が容易に得られるようになっていたことなど、井上財政の成果に支えられたこともあって、一九三二～三五年の間は一応の成果を上げることができたのである。

景気回復のマイナス面

同時に、この景気回復過程はいくつかの面で反作用が多く長続きしない回復であり、その後の軍需経済への強い傾斜を避けられないものとしたといわなければならない。第一に、為替相場を大きく下落させて輸出条件を有利にし、綿製品・人絹《じんけん》・雑貨などの輸出増加をテコとして景気回復を実現したのだから、その反作用が当然に生じた。外資を借りている企業・国・地方からすれば累増している外資借入の負担がそれだけ重くなったことを意味していたし、外国からの輸入品価格は為替低落分だけ上昇して同じ金額では従前よりずっと少ない量しか購入できなくなったのである。

第二に、日本商品の輸出の急増によって自国の産業が打撃を被った諸国が、輸入を規制する対抗策を講じ、軍事侵略への国際社会の反発とあいまって、日本の国際的孤立が深まったことである。一九三三年（昭和八）三月の国際連盟脱退はそれに拍車をかける事態であった。この過程で、イギリス、オランダなどはそれぞれのアジアの植民地（インド、ジャワなど）を囲い込んで経済ブロックを形成し、必要な物資を各帝国ブロック内部で調達する政策をとって、日本の輸出品の購入を制限しようとした。

同時に、世界的に日本に対する「ソーシャル・ダンピング」批判が展開された。「ダンピング」とはコストを割って商品を売る販売戦略をいうが、日本は労働条件が各国よりもずっと悪いために商品コストが不当に安くなっているという批判であり、そうしたムチャな輸出に対してはこれを阻止して国内産業を守ることは正当である、という主張であった。

第三に、中国侵略・満洲国建国を強行した軍部に対して、潤沢な軍事費が国庫から提供され、職業軍人のポストも増加していったため、軍事費の制約を突破するためには対外行動を拡大すればよいという発想が軍部のなかに定着したことである。これは合理的な財政運営のための配慮を不可能にするものであった。

高橋是清

高橋是清の想定と誤算

蔵相・高橋是清は、不況の下でモノ（原材料、機械類など）が余って稼働していない状況と、人が余って失業者が増えている状況がある際には、国家の財政支出と企業に対する金融的支援によって需要を投入すれば、モノと人が結合して（失業者が雇われることによって経済活動が再開されるとともに、賃金が支払われて国内市場が拡大する）不況が克服できると考えていたが、同時にモノと人の余剰分が吸収された段階では、緊縮政策に復帰すべきであると考えていた。

しかし、高橋蔵相が一九三六年度予算においてそれを実行する決意を示した段階で、不満の軍人による二・二六事件が発生して高橋蔵相を含めて主要な閣僚が殺害され、以後、軍部が歯止めなく軍事費を確保できる段階に入ってしまい、破滅の戦争拡大過程に進んでいったのである。

一九三四年前後の時期には、「昭和一〇年危機」「一一年危機」といった言葉がマスコミで騒がれ、輸出と財政拡大とが行き詰まって景気が再び悪化するという予想が繰り返されていた。その背景には、前述のような諸要因が意識されていたこととも関連して、人びとが景気回復の先行きに対して大きな不安感を持っていたという事実があった。それだけに、再び不景気となって失業問題が激化する恐れがあると考えた者は、諸外国と日本の経済競争について、第三者の立場でそれを観察していることは困難であり、摩擦を乗り越えて日本の輸出が持続できるように願わざるをえなかったと思われる。

経済評論家の高橋亀吉《たかはしかめきち》が戦後に回顧しているように（高橋亀吉『大正昭和財界変動史下』一二三〇四頁）、満洲事変《まんしゅうじへん》を含む軍部の独断的行為には批判的であった国民が、各国の経済競争が激化するなかで、国力をつけてそれに打ち勝っていかなければ日本の活路はなく、再び不景気がもたらされると考えて、軍部の行動を支持せざるをえなくなったと判断できる。

かくて、若者が社会主義に傾斜した一九二〇年代から一転して、一九三〇年代はナショナリズム・国家主義への傾斜の時代になっていったのである。

農業恐慌の深刻さと救農土木事業

昭和恐慌の下で失業問題は深刻化したが、日本全体で見れば、それ以上に農民の貧困が著しかった。アメリカが世界恐慌の中心となって経済的余裕がまったく失われたことから生糸《きいと》のアメリカへの輸出が急落し、生糸価格が半値以下になってしまったこと、不況による国民購買力の縮小によって、米価をはじめとする農産物価格が惨落し、それによる収入減少を増産によって乗り切ろうとした農家の行動が、さらに価格低下をひどくしたという事情があったからである。

農民の悲惨な生活に対して政府が無策であったことは、政党政治への農民の反発をもたらし、農村関係者を首謀者とする血盟団《けつめいだん》による要人暗殺や海軍軍人による首相・犬養《いぬかい》毅《つよし》暗殺（一九三二年〈昭和七〉五月一五日）などの事件が引き起こされた。五・一五事件の政治的衝撃を受けて、同年八月には「救農議会」が開かれ、農村地域で道路工事などの大規模な公共事業を実施して、貧しい農民に賃金を支払う政策がとられることになった。一九三二〜三四年度の三ヵ年にわたった救農土木事業がこれである。

この事業は従前からの失業救済事業の農村版という意味を持っていたが、全国の農村部で公共土木事業を大規模に実施したものである。その際、村のなかの誰を何日間就労させて賃金を与えるのかは各町村が最も適切と考える方式で自由に決めさせるというものであった。このため、多数の村民が平等に少日数ずつ就労した場合、少数の最貧困層だけが長期間就労した場合など、事業の内容にはそれぞれの地域の社会関係の特徴が表れていた。

農業恐慌に対する対策は、協同組合組織の強化、農民負債の整理を含む農業金融の改善、農産物価格政策の本格化など、国際的に共通しているものが多いが、日本の場合には即効的な効果のある賃金散布策としての救農土木事業が実施されたことが大きな特徴である。

そうした政策がとられた背景として、昭和恐慌期における失業救済事業の拡大があったことは明らかであろう。

一九三二年からは一般産業部門では景気は回復に向かいつつあったが、農業分野ではどの村も価格の低落に対して「勤倹貯蓄」(労働を増やし、消費を倹約し、貯蓄する)で対応したこともあって、生産過剰、需要減少が継続し、農産物価格は一九三五年前後まで回復することがなかった。農家数の多さを念頭におけば、救農土木事業の各農家経済にとっての意義は決して大きなものではなかったが、農家経済のそれ以上の悪化を食い止める措置としては一定の歴史的役割を果たしたといえる。

景気の回復と失業救済事業の縮小

こうして一九三二～三四年度(昭和七～九年度)には、農村地域における救農土木事業と都市部における失業救済事業とが並行的に実施された。この間、景気の回復を反映して失業救済事業は徐々にその規模を縮小していったのである。

景気が回復し、雇用者が増加すれば、通常は賃金が上昇して雇用者数の増加が抑制されやすい。しかし、一九三二年以降の実際の動きを見ると、昭和恐慌下で大量の失業者が滞留していたこと、就職機会がなくて農業に従事していた農家の二三男がようやく現れた雇用機会に殺到したこと、企業が中高年の正規社員を減らして若年者を低賃金で解雇しやすい「臨時工」として雇用する方針を採用したことなどの事情のために、一九三六年ころまでは賃金の上昇は生じていない。このため企業は、賃金の上昇なしに雇用増加を続けることができ、一九三七年前後にはほぼ完全雇用に近い状況になっていたと見られる。もっとも賃金が相対的に高い俸給生活者については、失業問題の解消は緩やかにしか進んでおらず、それへの対処策がなお必要であった。

俸給生活者の雇用拡大は遅れた

こうして失業者数は確実に減少に向かうようになった。しかし、その変化は一様ではなく、雇用主にとって簡単に解雇できる部分から、すなわち日雇《ひやとい》・臨時工・女工などから増加が始まり、俸給生活者の増加は最後まで本格化しなかった。

この点は失業者を公的に就労させて救済する失業救済事業の規模の変動とも対応している。のちに具体的に検討するが、日雇失業者を官公庁が雇用する失業救済事業の就労者数が一九三二年（昭和七）から減少に転じるのに対して、事務労働者・上級学校卒業者に就労機会を与える俸給生活者失業救済事業の就労者延数は、一九三三年まで増加を続け、一九三七年にも一九三一年水準と同等の規模で事業を進めざるをえなかったのである。

中高等教育を修了した人びとが一応の安定した職業を得られるようになったのは、戦時経済が本格化して植民地の経済建設が進み、そこでの官公吏・事務労働者の需要が増加して以降であった。その意味では、「失業問題を最終的に解消したものは失業対策ではなくて戦争であった」というアメリカについてしばしばなされる評価は、日本についてもあてはまるといえる。

失業救済事業は高齢者中心となる

こうしたなかで、民間の労働市場に吸収されずに失業者として残された者は、中高齢者中心になり、彼らが失業救済事業に永く留まることになった。その結果、失業救済事業の就労者は民間の労働市場では通用しない労働能率の低い者だという批判が表面化するようになってきたのである。

戦時期の失業問題

日中戦争

その後、軍部は中国本土への侵略を進め、一九三七年（昭和一二）七月に日中戦争を引き起こした。これによって兵力動員数が急増するとともに軍需経済化が本格化し、労働力は過剰から不足に変化することになったが、それによって失業問題がなくなってしまったわけではない。というのは、戦時統制経済の開始にともなう「不要不急産業」の企業整備（命令による強制廃業）によって、商業、消費財産業などの経営者・被雇用者が失業者化する事態が大量に発生したからである。軽工業、商業、サービス業などに従事していた彼らの労働の内容は、土木作業の日雇《ひやとい》労務とは大幅に異なっていたので、彼らの失業問題の対処策としては、従来の失業救済事業は不適切であると考えられていた。また失業救済事業、俸給生活者失業救済事業を含めて、その賃金は従来の経営主、従業員の所得よりもはるかに少額であったから、強制的に廃業させた者をそれに就労させることは困難であった。

社会局を改組して一九三八年に新設された厚生省は「失業対策部」を設置して、これに対処しようとしたが、産業構造が重化学工業中心に変化しているなかでは、彼らが従来の経験を生かして再就職できる条件はなかった。その過程では、企業整備にともなう補償金が実質的な失業手当金（再就職までの生活資金）として機能したし、新しい職場としては軍需工場関連の簡易作業・事務労働などがあてがわれることになった。

太平洋戦争期―兵力動員による労働者不足

この後の太平洋戦争期には、二〇歳代、三〇歳代の男子は兵力に根こそぎ動員されたから、工場労働力を中心とする勤労者層はこの年代の男子がほぼすっぽりと脱落したかたちで構成されることになった。労働力の女子化、学生・生徒の活用、高齢者の退職時期の先送りなどがこれを補うかたちで行われたのである。

こうした状況の下で人手不足が継続し、失業問題はいったん解消されたといえる。ただしそれは、自分の希望も経験も考慮されない戦時期特有の労働義務体制の下での変則的な完全雇用にすぎなかった。

敗戦直後

一九四五年（昭和二〇）八月一五日の敗戦は、こうした状況を根本的に変化させた。戦争中は軍需工場の製品はすべて国家が買い上げてくれたので経営問題はほとんど存在しなかったが、敗戦によってあらゆる軍需工業品が突然販路を失い、その生産は一挙にストップせざるをえなくなった。経営者たちは鍋・釜などの生活必需品や農業用機械などを作ることで当面の仕事を見つけようとしたが、仕事量の急減は明瞭であり、海外からの引揚者、復員兵の大半にも仕事がいきわたることはなかった。

こうして一九四五年からの数年間、食糧不足＝飢餓《きが》と失業に全国民が苦しむ期間が続くことになる。それはアジアの民衆を蹂躙《じゅうりん》した戦争のツケを払わされたプロセスであったが、同時にこの過程は低賃金で仕事を求める人びとを大量に生み出すことになった。これは、ひとたび企業活動が復活すれば企業にとって好都合な、低賃金で熱心に働く労働力が大量に蓄積されたことを意味していた。

朝鮮戦争

一九五〇年（昭和二五）の朝鮮戦争勃発による特需ブームで経済復興の刺激が与えられ、一九五五年からは高度経済成長が開始されることによって、戦後の失業者の苦しみは徐々に解消されるようになった。それは同時に、まったく新しい戦後型の失業問題と失業対策を準備する過程でもあったが、戦後の事態の検討は本書の範囲を超える。次の課題としよう。

失業者の生活と意識

失業者の生活事情

失業者の苦しい生活

戦前日本で失業問題が深刻になり、社会問題の中心を占めるようになったのは、一九二〇年代から三〇年代半ばまでの時期であり、なかでも昭和恐慌《きょうこう》（一九三〇〜三一年）の前後であった。当時の新聞や雑誌を開けば、失業者の生活難に関する記事はいたるところ目につく。ここでは失業者の生活と意識を知るために、そうした記事やその他の調査類に描かれている失業者の生活と意識の実情を整理し、その特徴を確認しておきたい。

たとえば『読売新聞』は一九三〇年（昭和五）五月から七月にかけて、「どうしている？　失業者の家庭」という三五回にわたる連載記事を掲載して、失業者の苦しい生活と再就職事情についての実情報告を掲載している。また、社会局や各地方自治体の社会課などでも、失業者の生活・意識についての独自の調査をしばしば行っている。こうした新聞記事や調査報告書からは、失業者に対する同情を示しながらも、解決のための名案が見いだせず、適切なアドバイスもできないもどかしさが伝わってくる。そうした特徴は、それを担当した記者や調査者たちにとっても失業問題が深刻な脅威であり、自分がその立場に陥った場合に解決策が見いだしえないことが意識されていたことを示しているように思われる。

失業者と貧困者の違い

失業して所得が得られなくなった人びとの生活は、貧困という点では貧困者一般（病気などによって働けない者、世帯主の病気や死亡によって収入の手立てを失った家族、零細な家業から得られる収入が減少して生活できなくなった者など）と共通点が多いが、失業者に特有の特徴も見られる。たとえば、失業者は職に就いていた時期には定期的収入を得てそれに対応する生活レベルを維持し、扶養家族を養っていたから、失業して所得がなくなって従前からの貧困者と同じ程度の貧困状況になったとしても、生活レベルの落ち込み感・惨めさはより深刻であり、他人に借金を依頼しなければならない後ろめたさ、子供や老親などに扶養責任を果たせなくなった罪悪感を含めて、精神的ダメージは常時貧困であった者よりもはるかに大きい。以下、こうした状況の一端を新聞記事などを用いて整理してみよう。

まず、失業者が直面しやすい生活の変化として、①他の世帯員が働く、②親族への依存、③借金暮らし、④犯罪や自殺へ、という四つが指摘できる。以下、具体的に見てみよう。

他の世帯員が働く（①）

世帯主が失業した場合に、主婦や子供たちが働きに出てわずかな賃金を得て生活を支えるという事例が多い。たとえば神戸市内では主婦が新たに働きに出ることによってマッチ工場の女工《じょこう》の応募が増えたり、裁縫の賃仕事の希望者が増加したり、駄菓子屋を開く者が増えている様子が報道されている（神戸市社会課『失業者の家族生活に関する調査』一九二八年三月）。

また、壮年の家計支持者が職を失ったために、すでに退職していた父親が土方《どかた》仕事に出たり、子供が学校を止めて給仕に雇われたりといった事例も多かったが、こうした事態が失業した世帯主に精神的に大きな苦痛を与えていることも注目されていた。

親族への依存（②）

失業して生活できなくなった場合の最も一般的な対応は、親族に助けを求めることであり、周囲の人びとも行政もそれを勧めていた。

しかし、単身で生活していた者が失業して豊かな親元に帰るといった恵まれた状況は別として、頼られる側も豊かではなく、親の世代はすでに引退して稼得者がその子供・孫の世代になっている場合、しかも失業者が単身ではなく家族で身を寄せるといったケースでは、肩身の狭い思いを余儀なくされ、農家の納屋や家畜小屋などに居住スペースを与えられるだけで、生活費や食事は援助されないことが多かった。このため、失業直後には親族の家に移動しながら、屈辱感や生活難に耐えきれずに、ほどなく元の都市に戻ったり、別の地域に流れていってしまう事例が多かった。貧困が親族の情愛を引き裂くという厳しい実態があったのである。

実際、一九三〇〜三四年（昭和五〜九）ころには、長引く農業恐慌によって農村のほうがはるかに困窮していたこともあり、都市の失業者が農村の親元に戻ることに対して農村側の反発は強く、農業団体は「失業者の帰村はお断り」という姿勢を明らかにしていた。疲弊した農村で農民自身が食糧不足の下にある時に、景気のよかった時代に自分たちに援助してくれたわけでもない都市民を引き受けることは困難であるという率直な意思表明であった。

当時の統計によれば、解雇された工場労働者（男子）の三分の一程度は「帰農」したことになっているが（社会局『労働統計要覧』各年版による）、その実態は失業直後に、その後の身のふりかたの相談も含めて農村の親元に戻った者がそれだけいたということであって、長く居着くことができた者は限定されていた。過剰人口をかかえた土地不足の農村で、都市からもどって新たに農民として定着できた者はほとんどいなかったのである。

借金暮らし(3)

失業して定期的な収入がなくなると、預貯金があればまずそれをおろし、生活必需品以外の品物を売ったり質入れしたりしてしのごうとするが、ほどなく親族、知人らに借金をせざるをえなくなる。しかし、先行きの不景気感が強く、再就職の可能性がはっきりせず、返済できる当てがないだけに、自分もいつ失業するかわからない立場にある大部分の者は、借金の申込に簡単には応じることができなかった。中流の生活を維持してきたサラリーマンの場合には、御用聞きに商品を届けてもらい月末に支払いをしていた状態から、払いが滞って御用聞きが来てくれなくなり、買い物にいって掛け買いを依頼せざるをえなくなるが、それも数回続くと断られてしまうといった状況に陥っていった。

たとえば夫（三七歳）は早稲田大学中退の俸給生活者、妻（三三歳）は女学校卒の主婦という夫婦の場合、夫が失業したため、従来購入していたあちこちの商店でツケで売ってもらうようになり、借金がたまってきた。この結果、「あっちにも借金、こっちにも借金で、どこの店屋さんの前を通るにも、すみません、すみませんで」という状態になっていることをその主婦は嘆いている。こうした状態は長くは継続できず、ほどなく日常品も購入できなくなってしまう。この主婦は記者の取材に対して、夫が東京市の俸給者失業救済事業に登録したので、唯一の頼みとしてその採用の知らせを待っていると語っている

（『読売新聞』一九三〇年六月二五日、朝刊五面）。

犯罪や自殺へ④

失業者が「空腹に堪えかねて」、あるいは「妻子にひもじい思いをさせられずに」盗難を働くといった事例が新聞記事で多く報道されている。たとえば東京府で失業者によると見られる詐欺や盗難が増加しているといわれているが、その実態は「背広服を着て押いるなど知識階級の者が生活苦から手っ取り早い強盗に早替りする者が多」く、「初犯の者が非常に多くなつてゆく傾向」にあったという（『朝日新聞』一九二七年九月二三日、夕刊二面。「生活苦の悩みから強盗に早替る紳士」）。また「（東京）市外荒しの怪盗は臆病な失業者か　女ばかりの留守宅をねらい逃げ腰で脅迫す」（『朝日新聞』一九二九年九月四日、朝刊七面）といった指摘も失業者の切羽詰まった状況を反映している。

一方、生活苦による自殺者が増加していることも注目されていた。警視庁は自殺者が増加していること、死体の栄養状況が悪くなっていることを発表しているが、それによると検死の結果、「栄養状態から診断すると一週間以上も飯粒を口にせぬ仕事にあぶれた労働者であることが解つた」事例が多いという。係官は、「食えないので死んだ者は未だ道徳感が摩滅せず、気の弱い者に相違なく気の毒な事だが、これが犯罪に向つたからと云つて……これを攻める許《ばか》りではならない気がする」と述べている（『読売新聞』一九三〇年三月三一日、夕刊二面）。

浮浪者化の危険性

以上のような諸種の対応を試みても、蓄えを失った後もさらに失業期間が長引けば、生活は不可能になってしまうのであって、その場合には、住居の喪失による浮浪者化、残飯探しの生活に陥る恐れが現実のものとなっていったのである。

当時の大都市では借家生活が大部分であって、労働者層で自分の家を所有している者は親の代からの都市生活者のなかの一部分にすぎなかった。そのため失業して定期的な収入がなくなると、借家代、部屋代が払えなくなる。実際、当時の統計によれば借金のなかで最も多いのは、借家代の滞納であった。これが数ヵ月続くと住居を追われることになり、まずはその日払いの宿泊所＝木賃宿《きちんやど》に泊まることになるが、さらに仕事が得られない期間が続けば、都市自治体などの安価な（ないし無料の）公的宿泊所に身を寄せざるをえなくなる。しかし、そこは昭和恐慌前後の時期にはいつも満員という状態であったから、それが不可能な場合には野宿＝浮浪者化せざるをえなくなる。もともと日雇労働者は、通常時でも木賃宿暮らしであるから、何日か仕事がない日が続けば宿泊料を払えずに浮浪者化し、残飯に依存せざるをえなかったが、新たに失業した者もその状態に陥る危険性に直面していたのである。

たとえば、東京市が設置している有料の簡易宿泊所の食事は一六銭で、一応は栄養を得られる水準であったというが、宿泊料を出せないで無料宿泊所にいる人びとは三銭程度で残飯をおじやにしたものを食べていたという。しかも日雇者にとって「雨の日には仕事がないので残飯でさえも一日に一回か二回しか食べられません」という状況であった（『読売新聞』一九三二年九月一九日、朝刊九面。「これが人の世の姿か？　哀れ浮浪の群れ」）。

また男性だけでなく、女性の浮浪者が増加している事実も報道されている。夫が失業して所在不明になってしまい、主婦が浮浪者化した事例や、「極度に疲弊した農村の婦人が職を求めて上京」したが、予期に反して職が見つからず、「母子ホームも宿泊所もすでに収容力はなくなつてどうにもならない」ために浮浪者化したといった事例である（『朝日新聞』一九三二年七月一一日、朝刊六面。「寄辺ない浮浪女性群　宿泊所も託児所も産院も締め出し同様の悲しい大入り満員」）。

労働者階層別にみる失業者の特徴

以上にふれたいくつかの動向は、蓄えを失った失業者が共通してたどる一般的な状況を示しているが、失業者の様相は労働者のタイプごとにかなり異なっている。そこで次に労働者諸階層別にそれぞれの失業者の特徴的なあり方についてふれてみよう。

日雇労働者

日雇《ひやとい》労働者は定まった雇用先を持たず、日々求職活動をしており、仕事があった日に働き、仕事がない日には食事の回数を減らしてじっと寝ているなどの対応策をとって、出費を減らして何とか生活を維持していた。彼らの仕事としては建設業関係や港湾荷役《にやく》などの労務が多かったから、日々の求人数の変動は激しかったし、雨が降れば仕事がないという状態の繰り返しであって、日常的に失業と隣り合わせで生きていた。それゆえ、彼らは誰もが失業を経験しており、その失業率は他のタイプの労働者層に比べて格段に高かった。不景気が深刻になると、その影響は日雇労働者に最も敏感に反映するのであって、一週間に五日間仕事があった状態が、一日おきになり、二日おきになるという様子が日雇者たちの実感として語られている。

日雇労働者の家族形態

日雇労働者の大部分は男子で単身者が多かったが、妻帯者も存在していたし、子供のある者もいた。彼らは、安定的な仕事があった時期に世帯を形成し、その後に不況のため日雇者に転落した者であった。また、いったん家族を持った後で収入不足になって家族が解体し、単身生活に戻った者も少なくなかった。*

＊　ガリ版刷りの調査報告書である『失業ニ関する調査』は一九二九年八月の聞き取り調査の記録であるが、こうした家族関係についての情報を多く含んでいて貴重である。この資料には編者・発行所の名前がないが、調査地域がすべて東京市内であることから、東京市ないしその関係機関と推定される。

建設労務に従事する場合、工事現場が通勤しにくい遠隔地にあれば、飯場に居住して集団的に寝起きをすることが多い。その際には宿泊の心配が不要になるが、そうした居住のかたちは請負《うけおい》業者に雇用されている常勤的な建設労働者が中心であって、日雇労働者がそうした連日就労の機会に恵まれることは例外的であった。

農村部の日雇労働は、零細農家の世帯員が兼業のかたちで従事することが通例であったから、固有の日雇労働者はほとんど都市部の存在であった。彼らの多くは、内地の農村や植民地の朝鮮から仕事を求めて都市部に流入してきた人びとであった。これに対して都市部出身の者は、企業が要求した身元保証人を得やすかったこともあって、縁故採用の職種に応募する条件を確保しやすく、都市の企業に就職しやすかったから、日雇労働者は少なかった。

日雇労働者間の求職争い

日雇労働者は、通常、建設・荷役関係業者に人を送り込む手配師がやってくる街角＝労働紹介所に早朝に集まり、手配師に対して就労希望を伝えることによって仕事を得ていた。不景気の下では求職者数のほうが募集人員よりずっと多かったから、あぶれる者が必ず出たのである。仕事の内容・場所は毎日変わるから、彼らの強い関心はまずは「仕事が見つかるかどうか」、次いで、「楽で賃金の良い仕事かどうか」に集まっていた。

「土方《どかた》殺すにゃ刃物はいらぬ、雨の三日も降ればよい」といわれたように、求人の大半は屋外作業であって雨天の日には求人は非常に少なく、大部分の者が失業して、なすことなしに一日を過ごし、翌日の天候回復に期待をつなぐほかはなかった。

日雇者の大半は蓄えを持っていないから、年末・年始の時期など、何日間も仕事が得られない場合には、木賃宿《きちんやど》の支払いを先延ばししたり、仲間から融通を受けたりしていたが、病気やけがによって何日も働けなくなると浮浪者化したり、食糧をあさったりせざるをえなくなった。

『日雇労働者の日記』

こうした日雇労働者の意識と行動については、東京市社会局『日雇労働者の日記』（一九二八年三月刊）、およびその続編である翌年七月刊行の東京市社会局『日雇労働者の日記　二』（以下の引用に際しては、それぞれの文献をA、Bで示す）によって垣間見ることができる。

前者は、一九二七年（昭和二）一〇月二四日から三〇日の日雇い労働者の生活状態調査の一部であって、「市内五ヵ所の公私労働宿泊所に宿泊中の単身日雇労働者二五四名に依って毎日記入」された日記である。後者は、東京市内三ヵ所の木賃宿と一ヵ所の東京市経営の簡易宿泊所の宿泊者に対して、一九二八年一一月四日から一〇日までの一週間に日記の記入を求めた成果である。こうした資料類は、調査者に対する一種の迎合的記述、惨めさの誇張、自己合理化などの傾向を避けがたいが、その点に配慮をして読めば、生活実態に密着した率直な記録として価値があるものといえる。

そこでこの資料を活用して、日雇労働者の生活と労働に関わる重要な特徴点を、①仕事の有無への関心、②仕事内容と賃金との損得勘定、③転職願望、④新規参入者へ敵意、という四点について整理してみたい。*

＊　以下の引用に際しては、同一項目内では年齢の若い順に並べた。また、原文は本人たちの記述を尊重しているが、本章では容易に意味が通じるように誤記訂正・現代仮名遣い化を含めて、若干の文章の改訂を行っている。

仕事の有無への関心（①）

仕事が得られるか、あぶれるかについて毎日、大きな関心を寄せている。

○「三日も雨が続くと大抵の労働者は一日一食位のものである。いかに寝て居ても一食じゃ空腹である。それは中々悲惨なものだ」（二五歳、B三〇頁）。

○「上天気にあぶれるのは全く惜しい。真面目に働きたくとも仕事が無ければ是非がない。次第に暮が近づいてくる。心して働かなければ霜枯れに食うや食わずに苦労しなければならない」（三三歳、B一九頁）。

○「二日続けて仕事に出逢うたら三日目の本日はあぶれてなす仕事もなく空しく其日《そのひ》を過す様な有様で、二日働いた残りの金は斯様《かよう》な時に使うてしまい……一人の生活でも困る」（三九歳、B一〇頁）。

○「十日は御大典にて休みになりますから八日、九日の二日間ばかりも雨が降らないようにとばかり思うて居ました」（四〇歳、B一六頁）。

○「朝早くに出かけたるに生憎《あいにく》の雨降り出した為《た》め仕事にアブれ仕方なく宿主に借財」

した（五六歳、Ｂ五三頁）。

仕事内容と賃金との損得勘定②　仕事内容のきつさと賃金の対応関係について絶えず損得勘定をしている。仕事に就けないと食事を減らさなければならないので我慢して仕事をするが、割の悪い仕事には不満を募らせている。

○「二日楽をした分を一日でしぼられた。出面《（日給）》は安く仕事は目いっぱいだ」「やった事のない建前《たてまえ》をやったので……世話役にしかられ通しでいやになってしまった。段々寒くなるから着物も買わなければならず困ったものだ」（二七歳、Ｂ三二頁）。

○「今日は組常傭にてコンクリートタワーの寅縄《（虎縄）》の張替え、三人にて一日費した。この仕事が親方の請負ならば同人数にて約三時間程の仕事なり。今日の仕事の量にても一日の日給に変りはない。今日の割ならば昨日は約三倍量の仕事をして居る」（三二歳、Ａ六頁）。

○「十時になっても仕事なく今日はアブれかと思いましたら、車力《しゃりき》を頼まれましたが、当方より賃金一円五十銭を請求いたしましたら先方は一円より出さず。不止得《やむをえず》行きましたが、実際楽ではありませんでした」（三九歳、Ｂ五〇頁）

転職願望③　体力低下・体調不良などを自覚して日雇いをやめて自営業などに転じたいと希望している者が多いが、現実にはそのための準備ができない状況にある。

○「商売で身を立てたい」と願っており、八百屋をどう開業したらよいか相談に乗ってくれる人がほしい（二四歳、Ａ一三頁）。

○「俺は袢纏《はんてん》を来て土方《どかた》仕事をするのはつくづくいやになった。一日も早く現在のみすぼらしき土工をよして何か他の仕事をしてみたい」（二五歳、Ｂ二〇頁）。

○「二円以上の収入ありし時は貯蓄をなす者と心掛けてみたが仕事確実に就き得るや疑問なり。なるべく正業に就かんと絶えず考察せり」（三八歳、Ｂ四一頁）。

○「一日も早く労働を止めて何か他の商売を始めたいと思いました」（三九歳、Ｂ五〇頁）。

○「土工を止めて前の自分のやって居った商売をもう一度なんとかしてやってみたいと思いました」（四〇歳、Ｂ一六頁）。

○「壮時成功を急ぎ大蹉跌《さてつ》を致す。今や老境に入りて過激なる労働に服役するを歎《たん》ず」（四一歳、Ｂ三五頁）。

新規参入者に敵意④

失業する日の多さ、仕事のきつさに比べての賃金の低さの原因として、渡航朝鮮人や農村からの参入者の存在に敵意を持っている場合がある。

○「大島町、砂町辺にて支那人労働者の激増せるに一驚を喫す。同時に我官憲の取締の寛《かん》に失《しつ》す、否《いな》官憲の愚を痛切に感じた。……我労働者の領分を明らかに彼等に蚕食《さんしょく》せられつつあるのを、当局者は斯《か》く数百の潜入者あるを知らざるや否か」（三二歳、A六頁）。

○「アブれた労働者の群を見る時、霜枯れ季節が思えらるる。田舎出及び朝鮮労働者が額安に働くから仕事も不足になり賃金も低下する」（三四歳、B五一頁）。

日雇労働者の嘆き

以上に見られるように、日雇労働者は失業の危険性に毎日直面しており、不況期には就業できる日数が確実に減っていたから、彼らの生活状況は厳しかった。先に見た『日記』の記述にはそうした状況が素直に反映されており、雨が続けば仕事のない日が続き、皇室の慶事で祝日になっても仕事がなくなり、しばしば食事を削らざるをえない様子がわかる。また、不景気が深刻化し、仕事に就ける日が確実に減っているなかで、年配者は体力の衰えを自覚して先行きに不安を感じ、若年者も生活の向上を求めて、自営業を始めようと希望している者が少なくなかったが、そのための蓄財が不可能であるなかで、焦りと諦めの心情が吐露されている。さらに、不安定な労働と健康とはいえない栄養事情もあって、労働意欲を維持することは容易ではなく、労働のきつさと賃金の照応関係について毎日小さな損得勘定を続けている様子もうかがい知ることができる。

工場労働者（男子）

　職工層は日雇労働者よりも賃金も高く、相対的に安定した生活を送っていたので、世帯を形成し扶養家族を抱えている場合が多かった。そのためいったん失業者となった場合の苦しみは、日々の失業状態に慣れていた日雇労働者とは異なっていた。ここでは彼らの心情を知るために、川崎造船所（神戸市）の被解雇者たちの声を聞いてみよう。

川崎造船所の解雇職工の場合

　造船業の大企業であった川崎造船所は、金融恐慌《きょうこう》（一九二七年〈昭和二〉三～四月）のあおりで経営が悪化し、同年七月に職工三〇五〇人、社員・付属員五〇〇人を解雇している。同じ造船業の他の企業や下請け関連企業への影響も大きく、地域経済にとってこれは重大な問題となった。これに対しては通常の企業の解雇に比べて相当に手厚い解雇手当が支払われ、また職業紹介所が再就職の斡旋《あっせん》に力を入れ、結果的には多くの者が再就職できた幸運な事例であったといえる。

　しかし、失業生活を経験した彼らは、失業中の生活難と精神不安について深刻な述懐を残している。以下、この間の経緯と当事者の声を神戸市社会課『職業紹介参考資料第八輯　解雇から帰趨《きすう》まで』（一九二八年七月刊、近現代資料刊行会の復刻版、『神戸市社会調査報告書』第二〇巻に収録されている）を主として用いて見ておきたい*。

＊　この報告書の第七篇に収録されている「失業者の感想録」がここでの主たる検討材料であるが（三三五頁以降）、これらの失業者の声は職業紹介所で行った「帰趨状況調査の際、問合せ用紙の一部に余白を設けて感想を募ったもの二百数十通、及職業紹介所に宛てられた求職者、就職者よりの来信書二百数十通のうち」から抜粋したものであるという（三三六頁）。

役に立たなかった失業救済事業

川崎造船所は七月の解雇の際に解雇手当を支給している。失業者たちはその手当で食いつなぎつつ就職探しを行っていたが、仕事が見つからず失業状態のまま市内に止まっていた者が多かったため、神戸市当局は、一二月の日雇失業救済事業に彼らを優先雇用することを計画した。すなわち、「方面委員より申告ありたる者は（失業救済事業での——引用者注）就職の優先権を与え」ることにしたところ「求職登録をなせし者二百六十余名」に及んだという（兵庫県社会課『方面委員制度概況（第一輯）』一九二八年四月、一九頁。前掲『神戸市社会調査報告書』第一七巻、所収）。

解雇者総数約四〇〇〇人に対して登録者がその一割にも及んでいないことは、工場勤務者が日雇労務職に就こうとしない傾向が強かったことを示唆しているが、その少数の登録者が実際に事業に就労すると、彼らのほとんどがすぐにやめてしまうという予期しない事態になってしまった。すなわち、その年の神戸市の失業救済事業全体において、「工業、商業、逓信《ていしん》運輸、戸内使用人、雑業を前職とせる者は……寒気と過激なる労働に対する耐久力なく、大抵は数日にして病気のため出働不能となり、結局土方《どかた》、仲仕《なかし》等の日雇労働者及鮮人のみ継続就業しつつある」という状況になったというのである（神戸市立中央職業紹介所調査部編『年末年始に於ける失業事情調査』一九二七年一二月下旬〜一八年一月上旬調査。ガリ版刷り。前掲『神戸市社会調査報告書』第一七巻、所収）。

この時点まで関係者は、失業者が増加すれば失業救済事業の規模を拡大すればよいと単純に考えており、その発想に立って川崎造船所解雇者がこの失業救済事業で就労できるよう登録の優先権を与えたのであるが、登録者の少なさと就労者の大幅な脱落を経験することによって、工場労働者の失業には失業救済事業はほとんど役に立たないことが政策当事者たちに自覚されるようになったと見られる。

失業工場労働者の声

さて、多数の失業者たちは解雇手当を節約して支出しながら、職業紹介所による就職紹介に期待するとともに、縁故に頼った就職運動も行っていたが、前掲『職業紹介参考資料第八輯　解雇から帰趨まで』に収録されている彼らの述懐は、厳しい事情を反映した深刻なものである。大企業の熟練職工が相対的には恵まれた解雇手当を得て、なおこの状況であったのであるから、それ以外の一般の事例の厳しさは、このレベルよりもはるかに厳しかったと見なければならない。そこで彼らの文章から読み取れる主要な特徴点を整理すれば以下のようにまとめられる。

A　生活の支えとなるはずの解雇手当がどんどんなくなっていくことの恐怖感や生活難、肩身の狭さを初めて実感したことが率直に語られている。

○退職金は「あらん限りの節約」にかかわらず家族三人の食事代で消えてしまい、文無しになった。病気にかかり進退窮《きわ》まった（二五歳、火造工。三四九頁）。

○生活できなくなったために妻が出て行ってしまった。親戚の家で家族三人で食客《しょっかく》となっている（三六歳、旋盤工）。

B　家族に対する扶養責任を果たせなくなったことへの罪の意識が強い。

○子供が病気なのに医者にかけられないことがつらい（三三八頁）。

○自分が失業して独身の息子に養われていて肩身が狭い（四八歳、鋳物工《いものこう》。三四〇頁）。

○六〇歳近い父が土方、一五歳の妹が給仕で家計を支えているのに、自分が働けずにいて申し訳ない（三〇歳、取付工。三五七頁）。

○「失業するまで一家の柱石だった者が今は年老いた父に却《かえ》って養ってもらう苦しさ」（三五八頁）。

C　四〇歳を越えた者は年齢ゆえに職業を紹介してもらえない窮状を訴えている。

○「（職が）たまたまあれば年齢に制限されて雇わるるを得ず」（四二歳、旋盤工。三四三頁)。

○「四〇歳以上になりますと中々使ってくれません。会社として四〇歳前後の者は成るべく解雇せざらんことを望む」(四四歳、記録工。三六二頁)。

○扶養六人。家庭事情を調べずに「中老」だからと解雇された。この年齢では職業紹介所でも全く職がない(四九歳、造機仕上工。三六一頁)。

D

縁故によって再就職が決まっている実情に対して、縁故不足と自覚している二〇～三〇歳代の者が強い不満を感じている。

○「故郷に帰り難い事情のある私達にとっては、今後如何《いか》に生活して行くかに悩んだ」が、とくに新しい職場を紹介してくれる「知人の少なきは如何《いか》なる場合にも困ることのあるを痛感しました」(二六歳、クレーン運転士。三四二頁)。

○「色々の人様にもお願いいたしましたけれども、不運な私には一向《いっこう》仕事にありつけず、此《こ》の儘《まま》永久に続けば唯《ただ》死あるのみかと甚《はなは》だ心細い次第でございます」(三〇歳、現図工。三六九頁)。

E

対処策をとってみたが、それがうまくいかず、挫折感が深まっている。

○夜七時～朝五時に屋台のワンタン屋を始めたが、同様に開業する失業者が多く競争が激しくてもうからない。妻に駄菓子屋をさせている(四五歳、鋳物工。三五四頁)。

○救済事業に出ているが、その賃金ではとても家族を養えない（四三歳、クレーン運転士。三四九頁）。

年配者の再就職難と自営業への傾斜

以上のように、日雇層に比べて安定した将来見通しを得ることができていた職工たちは、現実に生じた解雇・無収入という事実によって強い衝撃を受け、そこから、年齢や縁故不足による再就職の困難について被害者意識を持つようになっているといえる。

ところで右で見た手記によっても、失業問題について世代別の様相の違いがかなり大きかったこと、とくに四〇歳をすぎた者は不利な扱いを受けざるをえなかったことがわかる。若年者ほど従順で技術的適応力も高く、賃金も安価ですむ点に企業がメリットを感じているという状況では、よほど優れた熟練を持っているのでないかぎり、年配者が再就職競争で後れをとることは避けられなかったといえる。

なお、日雇失業者は失業救済事業（公共土木事業での日雇作業）に就労することができたのに対して、工場労働者らは失業しても土方《どかた》仕事には就きにくかったため、代わりに各種の行商《ぎようしよう》を行うことが多かったようである。これはライフコースの設計としても、四〇歳をすぎれば何らかの自営業に転じる者が多かったことと見合う変化といえるが、石鹼《せつけん》、ちり紙をはじめとした各種の家庭用雑貨品の行商が多かったという。大阪市の安価な宿泊施設でもあった大阪労働共励館は、住居を失って同館に身を寄せている者のうち、かなりの人数が行商を行っている点に注目し、彼らの行商の実態について、販売商品・仕入金額などを含めて調査を行い、その結果を公表している（大阪労働共励館『無宿労働者　昭和五年報』四三頁）。

事務職員層

デスクワーク中心に仕事をする事務職員層は、中学校や実業学校以上の卒業者であった。事務労働は企業内の経験が能率の向上に結びつきやすいので、彼らの勤続年数は次第に長期化の方向を示していたが、大企業も含めていまだ終身雇用制は成立しておらず、不況期には事務職員も解雇の対象となっていた。

彼らは職工層以上に扶養家族を有している者が多く、借家代や文化的支出などを含めて職工層よりも生活費が高く、配偶者は仕事を持たない場合が多かった。そのため、世帯主が失業するとすぐに生活水準の切り下げを余儀なくされたが、それによる喪失感と将来への不安感は大きかった。彼らの対応力の弱さについて当時のマスコミは「腰弁《こしべん》階級*の悲哀」として大きく報道している。

＊　安月給取りのこと。

彼らも、失業状況が長引くと生活レベルを下げ、親族の援助に依存するという通常の対応をとらざるをえなかった。職工層に比較して、一定の預貯金を持っている者が多かったこと、出身家庭はおおむね職工層の出身家庭より上位にあり、失業した親族を援助する余裕が相対的にはあったことなど、平均的に見れば恵まれた人びとが多かったはずであるが、失業の不幸を嘆く点では彼らの深刻度は職工層よりも深かったように見える。

事務労働者の就職は、ほとんどが学校経由か縁故採用であって、企業が職業紹介所に求人を出すことは稀であったので、再就職のためには職業紹介所に依存しても効果が少なく、伝手《つて》を頼りに親族・知り合いに依頼しなければならなかったが、頼んでも効果のない依頼を繰り返さざるをえないことは、彼らの精神状況をさらに暗く惨めにした。しかし解雇手当が底をつき、頼みにしていた縁故が役に立たないことがわかってくると、職業紹介所の俸給生活者職業紹介窓口に出向き「他人のことを依頼するように見せかけて就職口の有無を探しにくる」者が増えたという（『読売新聞』一九二八年三月三一日、朝刊一一面、「年度替りに失職者激増す」）。しかし一般の職業紹介所では俸給生活者の「就職率は殆《ほとん》ど零」であって、「俸給生活者の失業者程みじめなものはない」と報道されていた（『読売新聞』一九二六年一二月一七日、朝刊七面、「更生の道を求むる洋服失業者の群　某省の技師が屑屋」）。

失業事務労働者の対応力の弱さ

内務省社会局職業課の調査結果によると、失業した事務労働者の妻や娘が内職、行商、女工《じよこう》になる例は少なくなかったが、事務労働者自身が行商や日雇労働者になっている例は少ないという。四〇歳を越えると通常時でも解雇される可能性が高かった職工層は、いずれは自営業者になることを計画していた者が多かったのに対して、同一企業内での長期雇用や、他企業の同一職種への転職を漠然と期待していた事務職員には、解雇された際の心の準備がなかった。内務省社会局によるこの調査結果を報じた新聞記事は、「一旦失職したが最後　浮かばれない知識階級　肉体労働にも耐へられず只沈落へ」という見だしをつけて、彼らの対応力の弱さを報じている（『読売新聞』一九二九年七月二九日、朝刊七面）。

失業した事務労働者が他の仕事に就労しにくかったのは、「肉体労働者となることは学歴や身分が邪魔して出来ない」（同上『読売新聞』）という面もあったが、労働経験の相違から体力的に屋外労働に耐えられない者が多かったことも事実である。実際、日雇失業者用の失業救済事業に登録した失業事務職員層は極めて少数であった。

当面の仕事としての「外交」活動

失業した事務労働者が多く従事した仕事としては、請負型の「外交」活動があった。たとえば三七歳、印刷所の元事務員は印刷所がつぶれて失業し、いったんは田舎に戻ったが、期待していた援助を受けることができずに生活できないことがわかったため、再び上京して「乾物屋の外交」になった。その仕事の内容は、乾物をあずかって売り歩き、売上げの一割を受け取る方式であった。この事例では、一日の収入は売上げがない日はゼロであり、よくて五〇銭程度であったという（『読売新聞』一九三〇年五月一五日、朝刊五面）。また、手っ取り早くできる仕事として屋台のおでん屋を始めたが、不景気で客が入らずに失敗し、屑屋《くずや》になってなんとか生活できるようになった事例も報告されている（『読売新聞』一九二六年一二月一七日、朝刊七面、「更生の道を求むる洋服失業者の群　某省の技師が屑屋」）。

中高等教育機関の卒業者

第一次世界大戦時に産業発展の隘路《あいろ》と認識された事務・技術労働者の不足を解決するために、一九一八～一九年（大正七～八）に中高等教育機関の拡充が図られ、一九二〇年代を通じて毎年上級学校の定員が増加し、卒業生も継続的に増加している（前掲表1、二九頁参照）。

しかし、一九二〇年代には不況の下で上級学校の卒業者にふさわしいとみなされた事務労働者・官公吏などの求人数は卒業者数を大きく下回ったため、卒業しても就職できない者が多くなった。マスコミで「大学は出たけれど」というフレーズが流行し、彼らの悲哀が広く注目を集めたのは一九二九年であった（同年に小津安二郎《おづやすじろう》監督による同名の映画が公開されていた）。

これに対して財界団体や評論家などは、企業にとっては学校卒業生を雇用するメリットがないことを前提に、彼らの希望を「贅沢」と批判し、「学校教育が実学的でなく就職に役立たないことが原因だ」と批判しているが、*当の学生たちはこうした批判に対しては、

「今更対処のしようがない」と反発せざるをえなかったと思われる。

＊　日本工業倶楽部、日本経済連盟会などから財界人の放談的な上級教育批判が多く出されている。

彼らは学資を親族などに出してもらって教育を受けていたのであるから、社会階層的には余裕のある者が多かったたし、現役の事務労働者の失業者とは異なって、いまだ独身者が大半であったから、就職のために意識的に在学期間を延長したり、暫定的な仕事に就いたりしている。しかし、何年もそうした待機を続けることは、後続の卒業生たちが次々に新たな競争者として就職戦線に加わってくる以上、不利なことであり、不安は募らざるをえなかった。

もちろん、上級学校の入学者の定員を減らすべきであるという意見も多かったが、就職難であるからこそ、より有利な学校に入ろうとする進学競争もあり、受験者数が定員よりもずっと多いという状態は変わらなかった。このため、いったん増やした定員を削減することはできず、それゆえ彼らの就職問題の解決のためには、景気の回復が切望されざるをえなかったのである。

朝鮮人渡航者

一九二〇年代の朝鮮では、朝鮮経済建設の観点から内地への渡航を自由化する方針がとられるようになり、二〇年代の半ばには、ほぼ自由渡航が実現した。このため朝鮮農村から多くの若年・単身者が大阪を中心とする内地の大都市へ働き口を求めて流入するようになった。

民族的偏見と貧困状態の下に置かれていた彼らは、日本人の居住する一般の住宅を借りることは困難であったから、同郷出身者を中心として集住地域を形成していった。彼らは民間企業では民族差別的賃金の下におかれており、日本人よりも低賃金であったが、それでも朝鮮農村の所得水準よりは有利であった。一九二〇年代、三〇年代を通じて流入者数は増加傾向を示しており、その就業場所も建設業を中心とした日雇労働だけでなく、工場労働、商業・運輸労働を含めて広範に広がっていった。彼らは単身で渡航し、一応の生活の安定を得ると郷里に残した家族を呼び寄せたり、結婚して世帯を新たに形成したりして、定住者を増やしていった。

彼らの多くは、朝鮮内部では中堅層であったといわれているが、就業機会を失うと世帯員全員が働き、スラム内で生活水準を下げ、仲間の扶助《ふじょ》を受けながら生活を続けることができる強靫《きょうじん》さを有していた。彼らは低賃金の単純労働でも厭《いと》わずによく働くと評価されており、それだけに日本人の日雇労働者、工場労働者からは、自分たちから職場を奪う者として嫌われることが多かった。

実際、一九二三年（大正一二）九月、関東大震災に際して「朝鮮人暴動」のうわさが流れ、多くの渡航者が自警団の竹槍などの原始的な凶器によって殺害されたが、そうした乱暴な民族差別は日雇労働の現場でも頻発《ひんぱつ》していたので、渡航朝鮮人たちは対抗的に仲間内の結束を図らざるをえなかったのである。

失業救済事業と朝鮮人渡航者

彼らの生活・労働は、日本人の日雇労働者に比較すると相当に異なっていたように見える。すなわち、日雇労働者であっても妻帯者が多く、妻は女工や商店員・飲食店員などとして働いて、世帯員全員の所得を集めて生活を向上させようとしていた。また若年で渡航して最初の仕事として日雇になってはいるが、そこから抜け出す志向を強く持ち、その目標にそって生活を律している者が多かった。たとえば朝鮮人の集団的居住地区の貸間の所有者の多くは、日雇労働者から身を起こした渡航者たちが多かったことが知られている。

失業救済事業で就労することは、彼らにとっては望ましいことであった。日本人にとっては失業救済事業の賃金は民間日雇賃金よりも原則的には低かったが、民間労働市場での差別的賃金に比較すると、官公庁が行う失業救済事業の賃金には民族的格差はなかったので、朝鮮人労働者にとっては相対的に有利であった。そのため、失業救済事業で就労すべき日には彼らは事前の指示どおりにそれに従事したのであって、日本人失業者のように失業救済事業での就労を指示されている日にも賃金のよい民間での雇用があればそちらにいってしまうといった不確定さはなかった。

失業救済事業を担当していた地方自治体の土木部の職員にとっては、予定どおりに就労者が集まることは計画に沿って工事を進める上で重要であったから、確実に就労する朝鮮人失業者を重視せざるをえず、結果的に失業救済事業での平均的な就労日数は、朝鮮人失業者のほうが相当に多くなったのである。

女　子

女子労働者には多様な性格の人びとが含まれていたが、人数的に最も多かったのは、依然として未成年の女工と家事労働者であった。未成年の女工は、製糸業・紡績業などの繊維産業に集中していた。彼女たちは主として貧しい零細農家の出身であり、親世帯にとっては、口減《くちべ》らしとともに、数年間の雇用の約束の対価として与えられる前借金が重要であった。

女工たちは企業の都合で解雇されると、企業の所有物である寄宿舎をすぐに出なければならなかったので、親元に帰らざるをえなかった。したがって、失業統計では彼女たちは失業者としてカウントされることはほとんどなかったのである。もっとも彼女たちも解雇されて帰省する際に、企業が勤務期間中に支給しなかった給与の一部の積立金を渡さないといった詐欺行為を行う場合には、異議申し立てを展開するだけの自己主張力を獲得しつつあった。

昭和恐慌前後に解雇が盛んになされた時期には、解雇反対争議のなかで女子労働者もその重要な参加者となる場合があったが、勝利の可能性があれば、疲弊《ひへい》している農業恐慌下の農村に対して賃金を仕送りするためにも、彼女たちが解雇反対の行動に出ることは自然なことであった。

家事労働者の場合

家事労働者（家事奉公人）は、地主、商家、都市中間層などの家庭に住み込んで家事労働を行う者であった。彼女たちは未成年者を中心としながらも中高齢者も含んでいたが、雇用主との間で正規の労働協定が交わされることはほとんどなく、近代的な労使関係は成立していなかった。このため彼女たちが雇用主側の都合で解雇されても、それが大きな社会問題となることは少なかった。

ただし、都市部に家政婦紹介所が急増したことに示されるように、住み込みではなく、必要な短期間だけ家事労働者を雇用したいという世帯も一九二〇年代の都市化の下で増加しており、雇用関係の相対的な近代化が進んだ部分もあった。

新しい女子労働

しかし一九二〇年代には、女子労働者の働く場はこうした伝統的職種以外にも広がっていった。それは一面では男子よりも安価な労働者として女子を使用しようとする雇用主の意図の反映でもあったが、自らの賃金によって生活することを希望し、あるいはそうしなければならない者も確実に増加しつつあったのである。

第一に、生活の都市化・近代化に対応した多くの職業が女子に対して開かれたことが指摘できる。電話交換手、女医・看護婦・助産婦、教師、編集者・記者、事務職員、バスの車掌などがそれである。こうした人びとの相当部分は中高等教育を修了し、必要な公的な試験をパスして資格を有していた。

彼女たちの一定部分は職業によって自立した生活を営んでおり、独身者でも親兄弟に扶養されていない者が増加しつつあった。したがって、官庁・企業が経費節減のために彼女らを解雇すれば、当然に生活問題に直面せざるをえなかった。当時にあってはそうした場合には、親元に身を寄せることが常識であるとされていたが、同種の職種に再就職するために都市部に留まる者も増えていった。女子失業者として統計で把握された人びとはごくわずかではあるが（一九三〇年の国勢調査で三万人弱）、その多くはこうした新しいコースを選んだ人びとであった。

第二に、学校教育を受ける機会がなかった者、あるいは学校教育を生かせる職業に就くことが出来なかった女子で、自らの収入によって生活しなければならなかった者は、各種の不安定な職業を探さざるをえず、失業と隣り合わせの生活を余儀なくされていた。商店員などを含めて、広い意味での接客業の従事者がその中心であった。

たとえば、中央職業紹介事務局が一九二六年ころに実施した調査によれば、「女給」の回答者二六五一人のうち「前職無し」が二〇一二人（七五・九％）である。この調査から得られる「女給」の平均的イメージは、親や配偶者によって扶養されていた者が彼らの失業や病気の結果、自分で働かなければならなくなって初めて働きに出たというものであった。彼女たちの数が次第に増加していった様相は、「洋食店や喫茶店に白いエプロンをかけて客の相手をする現代式の女の数は段々殖《ふ》えて行く」と観察されていた（中央職業紹介事務局『東京大阪両市に於ける職業婦人調査　女給』一九二六年三月。ここでの引用は同書の四七頁、六八頁、七二頁など）。

以上のような女子の就労機会も不況の下で削減されることが多かった。しかしそれによって生じる女子の失業問題は、それ自体として注目されることはほとんどなかった。むしろ、男子の失業問題を緩和するためには増加してきた女子就業者を解雇して男子に置き換えるべきであるという主張が公然となされていたのである。

女子就労者に対するきびしい見方

中等教育を受ける女子の人数は男子のそれに牽引《けんいん》されて急増したが、都会でそうした教育を受けた卒業生の少なからぬ部分は職業婦人になることを志していた。しかし、当時の職業行政担当者たちは、こうした女子の職場進出に対して厳しい批判的見方を示していた。

すなわち、家庭のなかにいるべき女子が職業界に大幅に進出したために、それだけ男子の仕事が奪われて失業者に転落していると理解した上で、女子は女子特有の仕事以外には就くべきではないと主張していたのである。たとえば『読売新聞』（一九二八年一一月二四日、朝刊三面）の「婦人欄」では「十字路に立てる現代の職業婦人　勇敢に戦わねば自ら食えず　戦えば失業者から非難され解決困難の失業問題」と題する特集記事を掲載しているが、この記事のなかで、社会局職業課長は、男子の失業問題の解決を意図する観点を明確に示して、「遊び半分の職業婦人を廃せ」として「女性の能力に当てはまる職業、例へばタイピストとか看護婦とかの職業を選び、その他は断然引退して貰ひたい」と述べている。

これに対して、関東消費組合連盟の女性幹部は、「婦人に適合した職業といふ特別の範囲を作つて婦人を其の中に押し込めて置かうといふのは全く暴論」と批判している。後者の主張点はかなり理念的であるが、その背後には実際に自らの収入によって生活し、さらには家族を養わなければならない女性が増えていたという現実があったと思われる。とくに、夫が失業し、あるいは病気になって働けないといった場合に、内職や行商などの割の悪さを知って、生活できるだけの収入を得られる職業を探す女性の数は確実に増加していたと思われる。中学校の卒業生よりも高等女学校の卒業生のほうが人数が多かったという事実も、少しでも働きがいのある分野で働こうとする意欲を持つ女子が増加したことの背景の一つといえるだろう。

緊縮財政下の失業者

失業者たちは、職の奪い合いのなかで相互に競争・対立することを余儀なくされていた。国際的・国内的な経済事情の悪化が失業問題の深刻化の原因であることは頭ではわかっていても、渦中の人びとは、ともかくも限られた職に他人をさしおいて自分が就き、自分と家族の生存を可能にしなければならなかったのである。

失業者たちのこうした切羽詰まった事情は今日でも同様であるが、今日とは異なって戦前には失業保険制度がなく、生活保護も労働能力のある人びとを対象外においていたから、当事者としては、ともかく働き口を見つけるよりほかに生きる道はなかったのである。

そうしたなかで国家はどのような対策をとることができたのだろうか？　次章以下では、失業対策をめぐる労働者間の利害差にも目配りをしつつ、その具体的様相に接近してみよう。

失業問題観と対策論争

失業対策を模索する社会局官僚たち

一九二〇年代以降、とくに昭和恐慌《きょうこう》前後の時期には、将来不安とむすびついて失業問題についての世論の関心は極めて高く、新聞でも雑誌でも失業の原因・対策に関する種々の議論が報道され、その解決のためのさまざまな構想が取り上げられていた。それは、現実の失業対策が極めて限定的であったことと好対照をなしている。

そこで現実に採用された失業対策について検討する前提として、失業対策に関するさまざまな立場からの主張を整理しておこう。

労働行政の担当機関・社会局の設置

日本における雇用政策の担い手は、当初は唯一の産業政策官庁であった農商務省であった。しかし、農商務省は産業振興を第一義的に目的とする官庁であるから、その観点にそって労働政策が実施されると、企業経営の利害が重視され、労働者に対する配慮が抑制される恐れがあった。そのため、第一次大戦直後に結成された国際労働機関に日本も創立メンバーとして参加して、労働行政を強化する姿勢を明確にした段階で、内政の中心官庁である内務省が労働行政に関与することになり、以後、労働行政は内務省が主導し、農商務省（一九二五年〈大正一四〉からは商工省）がそれに対して、独自の立場から要望を出すというかたちをとるようになった。

具体的には、内務省地方局社会課が拡充されて社会局となり（一九二〇年八月）、さらにこれが農商務省の社会行政担当部局を統合して内務省の外局としての社会局となって独立したのである（一九二二年一一月）。以後、失業対策についての立案もこの社会局の所管するところとなったから、その担当者たちの失業問題認識が、政府の見解を最もよく反映しているといえる。

社会局の失業問題認識

社会局関係者たちの失業問題認識は、日本的な失業対策を模索する立場であったと概括できる。その認識は概略以下のような内容であった。

① 日本の企業内の労使関係は、欧州諸国のそれのように打算的・敵対的ではなく、家族的・温情的な関係が強い。そのため景気が悪化してもすぐに解雇を行って、労働者

を路頭に迷わせることは避ける傾向が強い。
② 失業した労働者の相当部分は親族によって扶養されている。
③ したがって日本に欧州の失業対策をそのまま導入することは適切ではないし、親族が果たしうる役割を国家が代位する必要もない。
④ しかし日本でも欧州諸国同様に、傾向的には失業者が増加し、伝統的な親族による扶養方式ではそれを支えられない事態が進行していくと予想される。
⑤ したがって、欧州諸国の制度を参考にして、日本の実情に適合的な無理のない失業対策のしくみを整備していくことが必要である。
⑥ 国際標準から大きくは異ならない失業対策を採用することは、国際協調上からも必要である。そのため資本家の理解を得ながら新たな対策を整備していく必要がある。

国際協調を重視した政策構想

労働政策・失業対策における国際協調の必要性についての認識は、第一次大戦末期から一九二〇年代前半期の時期が最も進んでいたように見える。第一次大戦末期には、官僚層のあいだに、戦争後に先進国型の社会問題・労働問題が発生し、その対策を迫られるだろうという自覚が広まっており、渋沢栄一《しぶさわえいいち》を音頭取りとして協調会が設立されたことも（一九一九年〈大正八〉一二月）、内務省に救済事業調査会が設置されたことも、内務省社会課の職員たちが欧州各国に派遣されて労働政策についての調査を進めたことも、それらに対する対応策であったといえる。たとえば初代救護課長の田子一民《たごかずたみ》は、課長在任中に外遊して一九一九年一月に帰国し、一九二二年に社会局長となっているが、「この海外視察はわたしの思想に大きな転換をもたらし、社会福祉行政に献身する勇気と自信とを与えてくれた」と述懐している（『田子一民』「田子一民」編纂会刊、一九七〇年一一月、一五二頁）。

以上のような姿勢は、この時期の内務省内部における失業対策構想に明確に反映している。たとえば、一九二〇年代前半期に社会局内部で構想されていた失業保険制度の構想は、失業保険制度を採用することによって国際労働機関のなかで欧州諸国と同等の立場を確保しつつ、実質的な政策規模をずっと小さくするために、女子労働者や事務職員、賃金の高い労働者などを除外した制度を作ろうというものであった。こうした構想は、『社会政策時報』など、当時の雑誌に社会局・協調会関係者らが発表した文章によって知ることができる。

田子一民

財界への配慮と失業保険構想の後退

もっとも社会局官僚層は、産業発展の担い手である財界の強い反対を押し切って失業対策を実現しようとする意図も姿勢も持っていなかったから、財界が失業対策への反対を明確にするにともなって、制度構想を後退させていった。それは、資本家が反対すれば帝国議会、とくに貴族院の賛同を得ることができずに新たな施策のための法律が制定できないという実際的な問題があったためでもあるが、産業発展の担い手は財界＝実業家であり、その同意を得ない施策は実施すべきでないという財界に対する親和性が強かったためでもある。

たとえば、健康保険制度は一九二二年（大正一一）に法律が制定されたにもかかわらず、実業家諸団体からの種々の批判を受けて、その施行は一九二七年まで先送りされていた。このため社会局官僚は、さらに失業保険を制度化しようとすることは、同時に二つの社会保険を発足させることになってしまい企業負担が急増しかねないとして、失業保険制度の構想を先送りしている。また、失業者用の公共事業（失業救済事業）については、法律にもとづいた明確な制度とすることを避け、予算措置によって実施する行政実務的事業とすることにおちついていった。

こうして一九二五年に失業救済事業が開始されると、さしあたり同事業の増減によって失業対策を図ることが方針とされ、新たな制度の採用については消極的な姿勢が強まった。この背景には、欧州、とくにイギリス、ドイツの失業保険・失業手当制度が失業者の増加、失業期間の長期化によって、収支の悪化に直面したという事実があった。

失業対策構想の手直し

とはいえ、失業救済事業が日雇《ひやとい》労働者の救済にしかならず、工場労働者や事務労働者に対する対策は別途に必要であることは、事業が開始されると明らかになったので、制度の手直しの努力がなされている。一九二九年度には、失業救済事業の制度的拡張と同時に、事務労働者を対象とした救済事業（日雇労務ではなく、事務労働の就労機会を提供する）が発足しているし、失業保険の制度化にむけて財界の了解を得るための検討も進められている。しかし、内務省内に設けた失業防止委員会（一九三〇年〈昭和五〉設置）での検討では、財界側委員が新たな制度構想には応じなかったため、検討はほとんど進まなかった。

こうした制度化への緩やかな努力は、財政政策が積極政策に転換した一九三二年以降にも引き継がれた。一九三二年七月には、失業防止委員会を失業対策委員会に改組した上で、大都市部ですでに実施されていた日雇労働者向けの共済制度――失業救済事業の就労者から労賃の一部を天引き拠出させてファンドを作り、失業した日に支給する方式――を勧奨する構想が社会局から提案されている。同委員会は、安部磯雄をこの素案を検討するための特別委員会の委員長にすえて一九三三年五月に一応の奨励策をまとめているが、藤原銀次郎（王子製紙社長）を先頭とする財界側委員が最後までこれに反対したために、せっかく決定された答申の内容は実施されるには至らなかった。

日雇労働者の共済制度は、一種の天引き貯金制度であって、失業保険の実態を持つものではなかった。しかし財界側の委員たちは、日雇労働者の共済制度を政策的に奨励することは一般労働者の失業保険制度の新設につながりかねないとして反対した。そして、失業保険制度については、企業は経営事情が許せば被解雇者に解雇手当を払っている事例が多いし、負担能力のない企業にその支払いを強制すれば企業経営が破綻してかえって雇用が失われると主張して、失業者への給付金を制度化しようとする構想に対しては、全面否定の態度を採り続けていた。

解雇手当の制度化の構想

財界側のこうした主張を受けて社会局官僚は、一九三二～三三年（昭和七～八）ころからは失業保険構想を導入することは最終的に断念し、企業にとって任意的なしくみであった退職（解雇）手当制度を、緩やかな法的義務を負ったしくみに改変しようと意図するにいたった。藤原銀次郎ら財界側委員はこの構想にも反対し、「企業の任意の制度であるからこそ意味がある」、「法律で定められれば労働者の権利となって紛争が起こる」と主張したが、社会局は財界の意向をいれて原案を修正して妥協に努力している。そして、準戦時体制の下での財界批判に配慮した財界主流（池田成彬《いけだしげあき》ら）が容認姿勢を示したために、藤原ら強硬派も妥協に転じざるをえず、一九三六年にようやく「退職積立金及退職手当法」の制定にいたったのである。

社会局官僚の限界

以上の経過からも明らかなように、社会局官僚たちは欧州諸国の失業対策制度を日本的に修正・緩和して適用しようとする構想を持ち、財界の反発に応じてその構想を適度に圧縮し、産業界の容認する政策に改変して制度化していったといえる。

戦前日本の失業対策がほぼ失業救済事業に限定された背景には、日雇失業者の暴動阻止に直接的な効果を持つことが確実な同事業には財界も反対することなく黙認の姿勢を継続し、したがって社会局官僚にとってはそれが選択可能な唯一の方向であったという事実がある。その意味で、社会局官僚は日雇労働者、俸給生活者、工場労働者らのそれぞれに応じた失業対策を立案し、全体として体系的な制度を整備するといった制度設計を構想することはできず、実現可能な施策を個別的に実施することを意図するほかはなかったといえる。

社会局官僚と地方官僚のズレ

なお、失業対策の立案に関わった社会局官僚とは別に、地方庁において失業対策や社会事業に関わった官僚層の役割も重要であった。それは、中央の官吏がいわば机上の議論にしたがって政策構想を練れば済んだのに対して、各種の行政部局や民間の関係者を説き伏せながら実際に施策を施行しなければならない地方官僚は、施策の運営にとって決定的に重要となる現場の諸事情にも通じていなければならなかったからである。

たとえば、大阪市中央職業紹介所長の松村義太郎は、職業紹介行政のあり方について貴重な発言をしているが、そこには労働力の需要側と供給側の希望が異なる状況の下で、個々に特性を有する失業者に求人機会を割り振ることの困難が率直に語られている。

松村の指摘する問題点、たとえば「前歴の調査は精密なるべきであるが、調査の結果香ばしくない人は何時迄《いつまで》も反《かえ》って失業が続く気の毒さ、待遇や労働時間の就職条件を重んずべきであるが、重んずる程就職の機会を反って少なくする矛盾」（松村義太郎『失業者に囲まれて』一九三〇年、自序）といった事態は、「求人者の立場に立って求職者の前歴調査を正確にせよ」「求職者の立場に立って労働条件を引き揚げよ」という矛盾する指示を気軽に乱発する中央官僚に対する現場側からの応答であったといえる。現実の施策の実施状況は、そうした現場に近い立場での制度運用の工夫によって左右された面が少なくなかったと思われる。

職業紹介事業、失業救済事業を問わず、社会局内の職業行政担当者たちが机上で立案した失業対策は、担当部門を異にする中央・地方官吏その他の関係者の意向に制約された上で具体的構想となり、地方庁の担当係員の現場での苦労を通して実施されていったのである。

土木行政・都市行政の立場からの異論

一方、職業行政以外の官僚層が、失業対策に対して異なったスタンスをとっていたことにも注意を払っておかなければならない。公共事業によるインフラの整備が日本の近代化・産業発展を進めると信じている土木官僚は、公共事業が失業者救済目的で実施され、機械力を使用せずに人力で実施すべきものとされることに強く反発していた。

また、地方庁の都市行政の専門家たちが失業救済事業に対して強い反対の意向を示している点も無視できない。たとえば、関一《せきはじめ》大阪市長は、失業救済事業は「甚だしく不経済」である上、「常時的失業者」（すなわち日雇労働者）を一時的に救済するだけで、「財界不況のために新たに生じた失業者（すなわち一般労働者、事務労働者――引用者注）の救済には余りに関係が薄い」ことを指摘している。加えて、同事業による就労機会を求めて朝鮮人が内地大都市に集中するためにこの事業は「失業の製造、若《も》しくは其の助長となる」として、強い批判を表明している（関一「失業救済事業」『社会政策時報』一九三二年一一月号）。

意欲的な都市計画を構想していた関からすれば、潜在的失業者を朝鮮・内地農村から集めてしまい、新たに都市スラムを拡張しかねない類の失業救済事業は許容できない施策であった。彼らの近代的都市の理想像のなかには、浮動的な日雇層を容れる余地はなく、失業対策はもっぱら正常な世帯を維持している一般労働者、事務労働者のための失業保険制度を中心としたものでなければならなかった。

社会局官僚―北岡寿逸と前田多門

社会局官僚の具体的イメージを把握するために、その代表的人物として、北岡寿逸《きたおかじゅいつ》と前田多門《まえだたもん》の二人を取り上げてみよう。

北岡寿逸（一八九四～一九八九年〈明治二七～平成元〉）は、一九一八年に東京帝大政治学科を卒業して農商務省に入り、新設された社会局（外局）に配置替えとなり、以後、職業行政に長く関わることになった。この間、国際労働総会常任政府代表（一九三四〈昭和九〉、三六年に国際労働会議政府代表。一九三六～三九年に国際労働機関帝国政府事務所長）を務めている。

北岡は社会局の担当課長として労働者災害扶助法（一九三一年）、退職積立金及退職手当法（一九三六年）の制定の中心となり、藤原銀次郎を先頭とする財界の反対論との論争で主要な役割を果たした。北岡は労働者の権利は容認せず、財界に近い立場から欧州各国とは異なった日本型の職業行政・失業対策を志向しているが、社会問題として発現した事態に対して国家的規制を加える立場から制度の実現に尽力している（藤原銀次郎・北岡寿逸『退職手当積立金法案要綱に関する意見』一九三六年。北岡寿逸『失業問題研究』）。

前田多門（一八八四〜一九六二年）は、一九〇九年に東大独法科を卒業して内務省に入り、一九二三年から三年間、国際労働機関（ＩＬＯ）政府側委員としてジュネーブに滞在し、帰国後の一九二八年に退官している。彼の回顧談からは、西欧諸国の水準に日本の労働行政・失業対策の内容を接近させようと希望していたにもかかわらず、日本政府の消極的対応を正当化するスポークスマンとして行動せざるをえなかった苦労を垣間見ることができる（『前田多門　その文・その人』）。

とはいえ前田は、官吏としての職務異動のなかで職業行政への特段の執着を持つこともなく、外国滞在経験を買われた誘いに応じるかたちで、すぐに官界を去り、その経験は組織的に生かされることはなかったように見える。

失業対策構想と財界人の対応

第一次大戦期の日本は、欧州各国が戦争によって国力を消耗させている間に急速な経済成長を遂げることができた。そのため財界人の多くは、日本が先進国入りしたという意識を持つようになり、そのうちの一部の人びとは、先進国にふさわしく、西欧的＝労使協調的政策運営に接近すべきであるという理解を示すようになった。

渋沢栄一と協調会

こうして明確になった労使協調的方向の表れの一つは、渋沢栄一《しぶさわえいいち》が音頭取りとなり、広く財界人を結集して協調会が設立されたことである。もっとも財界人の多くは第一次大戦期の好況の下ではこうした労使協調策に同調したものの、一九二〇年代の不況期になると労働政策に対して警戒的になったのであるが、渋沢自身はその姿勢を変えることはなかった。たとえば渋沢は、「労働問題の根本解決策」と題する小文（『竜門雑誌』四四九号、一九二六年二月。『渋沢栄一伝記資料　別巻第8』七一頁）のなかで、自分は労働組合問題などで労働者に同情的な発言をしているため「労働問題では常に実業家から恨まれ」ていると自覚していたが、いったん定めた協調主義的スタンスは維持し続けている。

渋沢は、一九二〇年代の早い時期から、次のように公共土木事業によって失業者に仕事を与えるべきことを提唱していた。

失業者救済のために「国家又は公共団体等に於て不急の事業を興し、失業せる労働者を此の方面に使役する様にすべき」であって、それによって道路、港湾、鉄道、水道、電信電話、開墾《かいこん》など、「国家枢要の事業」が進展すれば、それは国家にとって「一挙両得」である。この施策にあっては、とくに不熟練の単純労務従事者が救済されるべきであって、「技術的方面の労働者には比較的失業者が少なく、又失業しても相当の需要があるだらうと思うが、何等の専門的技術なく単に労役を資本とする者に至りては、其の数も多いし、

渋沢栄一

且つ最も処理に困るであろうと思う。……今にして其の救済方法を講ずるに非《あら》ずんば、忌《い》む可《べ》き危険思想を醸成するなきを保せぬ」（「我国労働問題の前途を予測す」『実業之世界』一九二一年三月号。『渋沢栄一伝記資料　別巻第7』四二四頁以降）。

この構想自体は、すでに救済事業調査会の答申でも示されていた公共事業での失業者吸収策である。しかし、米騒動《こめそうどう》型の都市暴動や反資本主義的意識を防ぐためにも、日雇《ひやとい》労働者を含む不熟練失業者に対象を絞った施策を実施すべきことを、一九二〇年代の当初から、財界の立場から主張していた点で重要である。のちに失業救済事業が開始された時点でも、財界人のなかでそれを肯定・支援した者はほとんど存在せず、黙認に留まっていたことと比較すれば、その姿勢は新しい対応策を引き出した力の一つとして評価できる。

労働政策への警戒体制と日本工業倶楽部

他方、第一次大戦期における実業家の地位向上と「日本を支えている」という自負に立脚して、実業家が国家＝政治に対して産業界の利害に立脚した独自の主張を展開する傾向も強まった。日本工業倶楽部の設立（一九一七年〈大正六〉四月、初代理事長は三井の団琢磨《だんたくま》）はそうした姿勢の表れであったと見られ、活発な政策要望活動が以後展開されることになる。同時に「財界世話役」が実業界の意向をとりまとめ、政府にそれを伝えて必要な施策を引き出すというルートも併存していた。

こうした行動を通じて実業界は、政府の労働政策構想について次第に異議を唱えるようになった。国際労働機関や社会局の労働政策構想が、実業界にとって許容可能な温情主義的・非制度的範囲を越えていると判断し、明確にこれに反対の意向を表明するようになったのである。とくに労働組合法案と失業保険構想に対しては、それが政策論議の対象となり始めた一九二〇年代の当初から反対の主張を明確にしていた。

財界人が失業対策に対して警戒的姿勢を強めるようになった転機の一つは、日本工業倶楽部が組織した大型代表団による英米訪問であった。一九二一年一〇月に出発し、一九二二年五月に帰国した有力財界人二四名を含むこの大型調査団の調査事項のなかで、労働問題・失業問題は主要なテーマの一つであった（『日本工業倶楽部二十五年史』上巻、日本工業倶楽部、一九四三年一二月、第二三章）。

藤原銀次郎ら財界人の失業対策への理念的反対論

この調査団に加わった財界人は、米欧各国での実業界などからの聞き取りによって、労働者に労働組合その他の制度的権利を与えると経営者の権限がそれだけ制約され、合理的な企業経営ができなくなるという結論を引き出している。そして、英国ではその弊害がすでに表れており、日本の現状のほうがより適切であると判断したようである。

調査団に加わった藤原銀次郎（当時、王子製紙専務、のち社長）は『労働問題帰趣』を一九二三年（大正一二）に公刊し、失業問題の重要性とともに、失業対策の弊害について強い主張を開始したが、以後その主張を変えることなく、社会局から提示された各種の労働政策構想に対する妥協なき敵対者として財界のリーダー的役割を果たすことになった。

藤原の主張に集約されるような、労働政策・失業対策に対する財界の全面否定的態度は国際的に見て特異であり、その論旨は欧州諸国の財界の主張に比較して著しく理念的・原理的であるといえる。*

＊　欧州諸国の資本家も失業対策に寛大であったわけでは決してないが、その主張は具体的であり、代案を提示している。これに対して日本の財界の失業対策反対論はイデオロギー的であり、社会局の政策構想によって労働者が権利意識を持ってしまうと、企業内外の身分制秩序が破壊されてしまうと危惧《きぐ》し、それに対する危機感を隠していない。この相違の一つの根拠は、両者の失業問題の相違であろうと筆者は考えている。すなわち、欧州各国では、失業問題が深刻である一方で、農業労働力の不足が顕著であり、主要国では農業季節労働力として外国人が導入されていた。

したがって労働運動による失業対策の要求に対しては、失業者が都市での居住継続に固執して就業機会のある農村に移動しない事実が有力な反対論でありえた。これに対して日本では、農業は過剰人口を抱えていたから、失業対策に対する反対論に現実的根拠が乏しく、理念的主張に傾斜せざるをえなかったと思われる。

失業対策に対する反対論としては、途上国日本では労働条件が先進国より劣悪であるのは当然であること、働かないで生活できるなら労働者は皆怠け者になってしまうことという原理的理解がまずあり、次いで経営者としての実践的立場にもとづいて、景気好転・企業経営の改善がなければ求人は増えないから、必要なら労務コスト削減（首切り）の措置をとることは当然であるという理解が続き、「景気好転以外に独自の失業対策は無い」という主張がむき出しのままで開陳されているのである。*

＊　たとえば篠原昌治『社会保険』（一九二五年）は失業保険の弊害として、労働者に「依頼心を増長せしめ」堕落させる。「労働者は何時失職するも直ちに生活上の困難を来すことなきを以て、其業務に対する熱心を欠く」、失業保険で生活できるので「自己の満足すべき職業を得るまでは」失業を続ける、といった諸点を列記している。

こうした見解に立脚している以上、企業の負担を増やす失業対策は、失業問題の解決にかえってマイナスに作用することになり、企業内の労使関係に国家が介入して企業の自由を制限することは労働者を増長させる結果をもたらすと理解されたのである（藤原銀次郎『労働問題帰趣』、日本工業倶楽部『日本工業倶楽部二十五年史』などに多数の記述がある）。

日本石油社長・内藤久寛　内藤久寛《ないとうひさひろ》は、「人生失業ほど悲惨なるものは無い」と述べつつ、「失業者の出づるは避け難きこと」であり、日本では失業しても親族依存や柔軟な転職によって外国のように困ることはないとして、失業対策に反対して次のように主張している。

政府がいくら対策をとっても、「人員の需要が起らなければ、多数の失業者に職を与へるという訳には行か」ないから、「失業問題の根本的対策としては産業の振興を促し、人員の需要を盛んならしむる」以外の方策はない、これに対して政府による労働保護は「産業を萎縮させる」し、政府の支えをあてにして労働者が企業に対して要求を出すなどして「労資間に争議を醸《かも》すに至れば事業の利益を挙ぐるに由無く、従て投資者の出でざるに至」り、失業はますます激化するというのである（内藤久寛「我国に於ける失業問題」『社会政策時報』一九二九年九月号）。

財界人の失業対策観

以上のような財界人の失業対策観を単純化すれば次の二点に要約できよう。

第一は、「景気の回復がなければ失業問題は解決しない」ので、「景気回復のためには企業にもうけさせなければならない」、したがって企業利潤を抑制したり、経営の自由度を制約したりする失業対策はマイナスであり、原則として失業対策はとるべきでないという主張である。

第二は、退職手当を支給している事例が多いことに見られるように、「企業は解雇者に十分配慮している」、「解雇されても生活できており、反発しているのは一部の不満分子に過ぎない」として新たな対策の必要性を否定し、とくに「雇用者に関しては国家が関与すべきではなく企業に任せるべきである」と主張していた。たとえば、労働組合などからは労働時間を制限して雇用者数を増やすべきであるという、今日のワークシェアリングと同様な主張がなされることがあったが、経営者の専決事項についての外部からの提案には企業家たちは強い拒否反応を見せている。

こうした考え方に立てば、労働組合法案のように労働者の交渉力を強めることも、失業対策を法律で定めて失業者に対策を求める権利を認めることも、企業の自由を奪い、企業経営の改善を妨げる（したがって雇用者数は増えず、失業問題は解決できない）悪しき措置として理解されざるをえなかったといえる。

このような財界の社会局に対する批判は、一九二五～二六年（大正一四～昭和元）には社会局が折から準備中であった労働組合法案に対する財界の全面拒否のキャンペーンと同時になされ、一九二七年に施行予定の健康保険法に対する批判論とも重なって厳しいものとなっていた。そして、そうした論調のなかで、失業対策についての社会局の動きも、企業活動の自由を制約する危険な介入として批判の対象とされていたのである。財界人の失業論が、社会局の失業対策構想に対する批判論に終始しているだけであって、自ら積極的に失業問題の解決策を提言した議論がほとんどまったく存在しなかったのは、こうした経過の結果であった。

政府の失業救済事業は黙認

ただし、財界は一九二五年に開始された失業救済事業については明示的な反対運動はすることなく、黙認していた。米騒動型の暴動を阻止することは財界にとっても必要なことであったし、日雇労働者への施策は企業内労使関係に影響を与えることがなかったから、あえて反対運動を展開する必要はないと判断したものと見られる。*

＊　民政党内閣による公共事業圧縮・失業救済事業拡張の方針に対して、全国の土木請負業者は激しい反対運動を展開している（土木工業協会編『土木工業協会沿革史』一九五二年）。しかし、日本工業倶楽部などの財界団体は失業救済事業への批判には同調しておらず、失業救済事業の批判もしていない（前掲『日本工業倶楽部二十五年史』）。

高学歴者の失業には冷淡

他方、高等教育機関出身の失業者については、財界人は学校教育が実業の役に立たない虚業に止まっていることについて強い批判をしているし、学歴対応的な職業を望むこと自体が不況期には非現実的であると主張する者も多く、その対策として卒業生を減らすしかないという意見で共通していた。内藤久寛がいうように、「我国が如何なる人をどの位要求して居るかを考えて教育を施さなければならぬ」のに、実業から離れて「理論偏重の教育制度を樹《た》て」るなど、「教育に対する観点が誤っていた」ことが失業の原因であるから、教育制度を改定することが必要なのであって、現に毎年生み出されている新卒失業者に対しては何らの対策をとる必要を認めないという主張であった（前掲、内藤久寛「我国に於ける失業問題」三頁）。

この主張は財界人全体がほぼ一致していた点であるので、その内容についてやや立ち入って見ておこう。

日本経済連盟会の会員意向調査

上級学校の卒業生の深刻な就職難に関して、昭和恐慌《きょうこう》期に財界団体自身が財界人の意見を募り、その結果を発表している（日本経済連盟会*『大学及専門学校卒業者就職問題意見集』一九三〇年四月）。これは、日本経済連盟会が全会員にこの問題についての意見を求め、それに対する回答五七通をすべて掲載した冊子であるが、財界人の主張が正直に語られており興味深い。この資料は約二〇〇頁あり、一人平均で三頁前後のかなり長い回答が並んでいるにもかかわらず、ほとんど全員が次の二項目を主張している点で共通している。

＊　日本工業倶楽部と一体的な組織であるが、工業以外の有力企業の経営者も結集して一九二二年に結成され、政策建議活動を主として担当していた。

①　上級学校は産業界の需要に対して、量的には過大であり、内容的には有効でない教育を行っている。改善策として、学校数を減らし、教育内容を実業本位に改変すべきである。

②　需要の少ない俸給生活者になろうとせず、いかなる職種でも満足して従事し、家業を継いだり、自営業を自ら起こすこともすべきである。

この項目以外に書かれていることは、

③　企業側がなすべきこととして次の二点が重視されている。

第一に、上級学校卒業者の採用方針を変更し、給与などの待遇を低下させることによって、有利な就職のために上級学校へ進学しようとする希望を抑えること。

第二に、企業内の高齢者の引退を早めて若年者の採用を可能にすべきこと。

④　その他、就職分野の拡張策として、発展の余地のある産業、海外などに就職機会を広げるべきことが指摘されている。

以下、上記の項目に対応する指摘の代表的なものを若干引用をしてみよう。

1　学校教育の評価について

○学術を修める機関である大学と実業界とは求めるものが異なるから、卒業生が実業界に迎え入れられるのは「根本に於て無理ある」ことを自覚すべきであり、「必要以上の学問を修むる傾向を阻止する」ことが必要である（三菱商事会長・三宅河百太郎）。

○「教育事業が若《も》し生産工業であったらこんなに売れ口のない卒業生を濫造して責任がないとは謂《い》われ」ない。上級学校の魅力を減らすために「官学全廃、学士号全廃」が必要である（第一生命保険相互会社社長・矢野恒太《つねた》）。
○実業に役立たない「商科、経済科及法科の卒業生の数を相当の程度迄思い切つて減少」させるべき（日本共立火災保険株式会社会長・原錦吾）。
○「就職難の大原因は高等教育過重の結果」であって産業面の問題ではないから、「教育上の緊縮が今日の急務」である（千代田火災保険会社監査役・山名次郎）。

2　俸給生活者以外を志望すべき
○「家業を有する者は断然郷里に帰りて家業に精励」し、他は「職業に付選択を行わず又報酬の多寡《たか》を論ずることなく」、何でもやるべきである（生命保険会社協会会長・弘世助太郎）。
○「卒業後、進んで職工徒弟の如き下級地位に投じ、実地に叩き上げるという質実剛健の美風を在学中より鼓吹《こすい》すること」（日本産業社長・鮎川義介）。
○「大学、専門学校の教育を受けたと云うことを全然忘れ」「如何なる職にも就職」することと（明治製糖社長・相馬半治）。

3　企業側がなすべきことについて
第一に、採用方法・雇用条件について
○「学校卒業の有無を問わず各職業に付き採用試験制度を設け」るべき（電気協会会

長・井上敬次郎)。

○「初任給は高きに過ぎる嫌あり……之を低下し其採用範囲の拡張を計る」とともに、「机上事務」に限定せず「どしどし卑近なる現場仕事に活動して学校卒業者の働くべき範囲の拡張を計るべき」である(阪神電鉄専務・今西与三郎)。

○「卒業生採用条件の低下を計ること」によって企業が採用しやすくするべきである(三菱商事会長・三宅河百太郎)。

○「求人側に於て初任給を引下げ下級の職務に就かしむる」べきである(芝浦製作所社長・岩原謙三)。

第二に、高齢者の早期退職について

○「相当年齢に達したるものは後進の途を開く」しくみを作るべきである(日清汽船社長・深尾隆太郎)。

○「老朽無能が新進の進路を邪魔し居《お》る嫌《きらい》」ある点の改善を図るべきである(阪神電鉄専務・今西与三郎)。

4 発展産業、海外での就職について

○「海運業、漁業の発展を図り」、職のない者をここに就職させる。「植民地及海外事業の発展を助長し、この方面に卒業生採用の範囲を拡張すること」(片倉製糸紡績社長・

片倉兼太郎)。
○「海外に進出するの機関を設け且つ之を奨励すること」(日本製鋼所取締役・油谷堅蔵)。
○「実業界有力者に於て海外貿易起業等一層国家産業の興隆に尽瘁《じんすい》せられ、青年の海外に於ける活動舞台を拡張するに努力あり度きこと」(京浜電鉄常務・馬場斎吉)。
以上に見られるように、高学歴失業者に対する財界の判断は冷徹であり、その点では財界人の中に意見の相違はほとんどなかった。高学歴失業者が累積している原因は産業側にはなく、もっぱら教育制度の問題とされており、卒業生が経済事情に見合わない高望みを続けているからであると理解されていたのである。

失業対策構想に理解を示した財界人―池田成彬

財界人が失業対策に極めて厳しい対応を示したことを見てきたが、社会局の政策構想に理解を示し、その成立を阻止しようとはしなかった財界人もまったくいなかったわけではない。そのわずかな事例として、団琢磨暗殺後に三井財閥の中心となった池田成彬《いけだしげあき》についてふれておく。

池田は失業問題について独自の主張を論説として残していないために、その発想法について具体的に知ることは困難であるが、実際の政策論議のなかで社会局の失業対策構想に一定の理解を示している。

彼は内務省の失業対策委員会で日雇失業共済制度の普及、退職金制度の法制化などに向

池田成彬

けた社会局構想を支持し、同じ三井財閥系列の藤原銀次郎と論争している。*「財閥転向」**を指揮していた池田の役割と、のちの戦時統制経済において財界の利害を巧妙に実現させた彼の役割を考慮すると（松浦正孝『日中戦争期における経済と政治——近衛文麿と池田成彬』東京大学出版会、一九九五年）、彼の立場は個別資本の利害を相対化し、国民経済運営上の課題を重視する総資本的立場により近く、結果的に社会局の失業対策構想に類似した発想を有していたと判断される。

＊　前田は、『前田多門　その人・その文』のなかで、失業対策委員会での池田の活躍について「池田成彬氏が、社会局案の労働法制に支持の態度を持し、同じ資本家仲間の同僚委員と、論争をも辞せざる意気を見せられたこと」が印象深かったと述べている（四五〜四六頁）。

＊＊　昭和恐慌下で財閥への厳しい批判が国民・軍部から上がったが、一九三二年の団琢磨の暗殺もそうした表れの一つであった。団の死を受けて三井財閥の指導権を握った池田は、社会事業への寄付などを積極的に展開し、財閥に対する反発を鎮静化させる努力をした。

労働組合の失業対策要求

第一次大戦までの労働運動は、失業対策についての特段の要求をしていない。また、大戦期には求人が多く、労働者の企業間異動が頻繁であったから、失業対策を要求する必要性は自覚されていなかった。さらに、容易に解雇の対象になりやすかった女工《じょこう》たちは労働組合にほとんど組織されていなかったので、労働運動のなかにその固有の利害は反映していない。

戦後恐慌・金融恐慌時の要求

これに対して一九二〇年代には、実際に男子職工の解雇が相継いだため、解雇反対の主張が一挙に増加している。その後、労働組合の政治路線については複雑な動きが見られたが、解雇反対の要求――争議のなかでの現実的要求としては、「解雇手当の増額」要求となった場合が多い――はどの潮流、どの時期にも共通した主張となった。

このなかで制度要求として提示されたものは、「労働者負担のない失業保険制度」（したがって失業手当と称している場合もある）であって、失業救済事業の要求はなく、また労働者負担を含む社会保険（健康保険方式）の要望もない。

こうした特徴は、現役の労働者だけから構成されている労働組合が、企業による解雇に対する即時的反対運動や解雇条件の改善運動は展開しても、失業者となって以降の生活補償についての構想を持っていなかったことを示している。その点で労働組合の運動は、失業期間中の当面の仕事と生活手段を要求せざるをえなかった失業者の要求とは大きく異なっていたといえる。

しかし、一九三〇年前後に多くの現役労働者が失業者に転じる恐れが深まり、いったん失業者になると再び就労機会を見つけることが容易でないという状況になると、この姿勢は変化せざるをえなくなり、実効ある失業対策の要求が具体的に示されるようになった。

昭和恐慌と労働組合

失業がとくに深刻化した一九三〇～三一年（昭和五～六）ころの要望は、多数派（日本労働総同盟）の場合、以下のように整理できる。

①　賃下げなしに労働時間制限を実施し、解雇を避け、さらに新たな雇用を行うこと、

② 失業給付制度を創設すること、
③ 熟練労働者用の失業救済事業を創出すること、
④ 解雇が避けられない場合には解雇手当を支給すること、

という内容である。*

* 典型的には労働総同盟第二一回全国大会提出議案の「三。失業防止及救済に関する件」の論理構成がこれにあたる。日本労働総同盟『労働』一九三二年一〇・一一月合併号、二八頁。

これらの要求項目は、組合員の中心を占める工場労働者の希望をストレートに反映したものであって、国家に対しては企業が自由に解雇できない規制、失業給付制度、熟練労働者用の官公庁直接雇用策の提供を求め、企業に対しては解雇抑制と解雇の際の手当の支給を求めていた。とくに失業保険制度については、労働者は失業の犠牲者であるから掛金を負担する必要はないとして資本家と国庫の負担による失業手当制度の制度化を望んでいる。*

* あるいは一円五〇銭の日給に対して一円の給付でよいという提案を示して、そのしくみであれば、実質的には補償されるべき日給額の三分の一を労働者が負担していることになるという主張も行っている。

留意すべき特徴点は、恐慌下で大規模に実施されている失業救済事業に対する拡充・改善の要求がまったくないことである。これは工場・交通・公務労働者を中心とした組織労働者が、日雇《ひやとい》失業者用の失業救済事業に従事する意思をほとんどまったく持っていなかったという事実を反映している。*

＊　もっとも左派系の組合の場合には、日雇失業者運動との連携を意図する姿勢から失業救済事業への言及も見られる場合がある。たとえば、日本労働組合全国評議会は一九三三年一一月の大会で示した行動綱領の「九。失業労働者の生活権擁護のための闘争」のなかで、「一。労働時間の全面的短縮による失業労働者の即時就職のための闘争、二。国庫よりの失業手当の獲得、三。失業救済事業補助金の増額、四。各府県、市町村における失業救済事業費の増額と日給の値上、労働時間の短縮」を列挙している（大原社会問題研究所編『日本労働年鑑』昭和一〇年版、三三七頁）。
　しかし左派系の組合といえども、職工の組合であれば、自分たちが失業した場合の就労条件の確保のために失業救済事業の拡充・改善を求めていたとは判断しにくく、労働組合の基本的要求は、解雇阻止、解雇の際の手当支給、公的な失業給付制度の創設に集中していた。

以上のような労働組合の要求は、日雇失業者が組織している運動体が、最大の要求項目として失業救済事業の増額・条件改善を求めている事実とは大きく異なっている。*

＊　たとえば日本労働組合全国協議会（通称、全協）傘下の全国失業者同盟の暫定行動綱領では、失業救済事業の規模拡大・質的改善と失業保険を含む生活保障制度の新設が要求されている（前掲『日本労働年鑑』昭和七年版、二六八〜二六九頁）。

解雇手当の慣行と増額要求

先に見たように、一九二〇年代前半期に政府が軍縮にともなう解雇者に解雇手当を支給したことも影響して、民間企業にも解雇手当の慣行は急速に普及していった。社会局の調査によれば、一九二九年度の常時使用職工五〇人以上の事業所六〇〇〇弱の解雇者総数約六万人のうちで、解雇手当を受給した者の比率は、工場では七二％、鉱山では六四％であり、その一人当たり平均額は工場では六六円、鉱山では一九〇円であった（東京商工会議所『解雇手当に関する調査』一九三一年、五二～五五頁より集計）。中堅規模以上の工場・鉱山では被解雇者の過半が解雇手当を受けていたことがわかる。

こうして次第に一般化しつつあった解雇手当の慣行を、中小規模事業所にも広めつつ、その増額を実現することが労働運動の現実的な課題であった。単純化していえば、昭和恐慌前後の時期における労働組合の主張は、解雇反対と解雇が避けられない場合の解雇手当の増額が中心であり、それに原則的要求としての国家・資本家負担の失業手当制度を加えたものであって、現実に実施されていた失業救済事業については、自分たちには関わりのない制度として関心を示していなかったといえる。

労働組合の要求転換

失業対策についてのこうした基本的スタンスと要求項目は、景気回復後の一九三二年以降、大きく変化し始める。この点を日本労働総同盟の動きにそくして跡づけてみよう。

財政政策が緊縮政策から積極政策に転換すると、日本労働総同盟は当初はそれを批判する見解を明らかにしている。すなわち、「我国資本主義は唯一の延命策としてインフレーション政策を強行し、物価騰貴は阻止し難き大勢となった。かくて労働階級は更に搾取を強化されれ」るという主張であった（日本労働総同盟第一一回大会「宣言」〈一九三二年一一月五日〉『労働』一九三二年一二月号、一二五五頁）。

しかし、次第に「インフレに伴って賃金の引上げも相当広く実現せしめ、其の他の待遇改善も良効果を挙げて居る」ことが肯定され、積極政策の継続を望む心情が正直に語られるようになる（「健全なる組合主義　全国的に徹底」『労働』一九三三年五月号、二頁）。「インフレ景気が出て、残業が増加しそれだけ収入も増した。……又再び、あの陰惨な不況が我々の工場を襲うて来ないと誰が保証することが出来よう！」という心情が表明され、経済統制を含めて景気の持続のための積極政策の展開が期待されるように変化したのである（「労働講座1　労働者は組合を求める」『労働』一九三四年一月号、一二二頁）。

そしてそのためには、労働組合としても無用な紛争を避け、「産業協力」をすべきことが組合員に対して説得されるようになる。「雇主も労働者も、国家全体の為に」協力し、日本の産業が国際競争のなかで敗退して再び不況に陥り、失業者が増加することを避けようとする方向が明瞭になってきたのである（松岡駒吉「産業協力の徹底に邁進せよ」『労働』一九三三年四月号、三頁）。

こうした労働組合の態度の変化には、国内・国外の事情の変化があった。国内的には左翼的労働組合が弾圧によって息の根を止められつつあり、右翼・中道の組合への統合が進められていったために、残存した労働組合が従来の原則的立場を修正して、実利的判断を提示することが容易になったことである。

国際的条件変化の労働組合への影響

他方、国際的条件の変化としては、世界恐慌からの脱出策として、各国のブロック経済化、ブロック外の諸国に対する排除的措置の採用が進み（一九三二年八月の英帝国の特恵関税協定成立、一九三三年七月の世界経済会議決裂などはその表れ）、その趨勢《すうせい》がさらに強化されれば、輸出主導で回復基調を歩んできた日本の景気が再び落ち込む恐れが強まったことである。国際関係の変化による景気後退についての危機感は、労働組合が原則的な主張を継続することを許さず、日本経済の国際競争力を強化する方向で「産業協力」を進めることによって失業問題の再来を回避しなければならないという認識を強めさせることになった。

このことは、労働条件改善・賃金引き上げの要求においても、「日本商品の競争力を失わざる範囲に於ける改善」に止めるべきであるという意識に繋がっていった（「国際労働総会の議題と日本」『労働』一九三四年五月号、三頁）。「日本品の競争力を失わない範囲で、労働条件を良く」すべきであるという認識が機関誌上で繰り返されていることは（斎藤健一「時事解説　世界に漲《みなぎ》る日本品ボイコット」『労働』一九三四年四月号、一二頁）、労働者が過大な賃金を得て企業の国際競争力が失われれば元も子もないという認識が組合幹部の共通理解になってきたことを示している。

このように、世界恐慌と各国の経済再建方式の対立の強化の下で、失業問題の再来を恐れる労働組合は、積極政策によって景気回復、輸出の増進、軍需工業化を進めつつあった蔵相・高橋是清《たかはしこれきよ》の積極財政方針の継続を望むようになっていったといえる。

失業対策の積極論者と社会改良主義

社会政策学会の旧世代—桑田熊蔵の場合

一八九〇年代末期以降の工場法案論議においては、社会政策学会の会員たちが社会改良主義的な主張を展開し、工場法の制定に反対する資本家たちを説得する役割を果たしたといえる。これに対して失業対策については、社会政策学会の積極性はほとんど見られなかった。

たとえば、社会政策学会の中心的メンバーであった桑《くわ》田《た》熊蔵《くまぞう》の場合を見てみよう。彼は、『工場法と労働保険』（一九〇九年）のなかで、「労働保険」を正面から取り上げて、「災厄保険」「疾病保険」「老廃保険」について論じているが（今日の名称でいえばそれぞれ労災保険、健康保険、年金保険となる）、失業保険についてはまったく言及していない。この点は、ドイツでもイギリスでも失業保険が制度化されていないこの段階ではやむをえなかったと

桑田熊蔵

いえる。

しかし第一次大戦期になると、彼も失業対策を意識しないわけにはいかなくなり、一九一九年に発表した「失業の救済と保険の制度」と題する小論文で失業保険について論じている（『国民経済雑誌』一九一九年一月号。のち『法学博士桑田熊蔵遺稿集』所収）。

その内容は、まず労働紹介事業について言及し、労働需要がなければ労働紹介事業は効果を発揮できないとその限界を述べている。続いて失業保険については、「任意主義の失業保険」と「強制主義の失業保険」に区別して、その事例を紹介している。しかし、その日本への適用の可否については、「本論の終に於て我国失業保険の計画に就て私見を述ぶる予定なりしが、之に関する研究の資料未だ備わらざるを以て之を他日に譲」るとして、考察を放棄している。

このように一九一〇年代まで社会政策をめぐる議論をリードしていた社会政策学会の旧世代は、失業問題・失業対策という新たな問題に対しては対応する用意がなく、独自の見解を表明していない。

失業対策の積極論者たち

一九二〇年代には、こうした旧世代に代わって、新世代の論者たちが失業保険を含む失業対策について積極的姿勢を示す。たとえば、永井亨は一九二三年（大正一二）に刊行した著作のなかで、「失業問題は救貧問題ではなく労働問題であり、個人的問題乃至《ないし》一般的社会問題というよりは寧《むし》ろ産業問題乃至経済問題である」として、国民経済運営のための重要問題としてこれに取り組むべきだという積極的な主張を展開している（永井亨『社会政策綱領』）。

国際労働協会（社会立法協会）

こうした労働政策・失業対策の積極論者たちは、社会改良を求める提言活動を進めるために任意団体を組織している。この団体は、国際労働機関東京事務局の設置（一九二三年〈大正一二〉）を受けて、国際労働機関の日本支部の形式をとって「国際労働協会」と称してスタートしている（一九二五年三月。一九二九年に社会立法協会と改称）。

この協会の規約によれば「社会的正義の実現に協力する」ために、「国際労働総会に於て採択せられたる条約案並に勧告の批准及実施その他労働立法の促進」などを行うことが協会の使命とされていた（『東京朝日新聞』一九二五年三月二四日）。同協会は社会立法関係の官僚、学者、財界人、労働組合運動家らを緩やかに組織しており、漸進的な構想を提言することによって労働立法を少しずつ前に進めようと意図していた。*

＊　国際労働協会・社会立法協会の動向については、国際労働局東京支局『世界の労働』および『社会政策時報』に記載されている。それによると一九二七年一二月時点の国際労働協会常務委員会の構成は、委員長が高野岩三郎、副委員長が矢作栄蔵であり、委員は安部磯雄、福田徳三、下村宏、鈴木文治、片山哲であった。また、一九二七年の労働立法要綱立案特別委員会のメンバーには、浅利順四郎（主事）のほかに、森田良雄、渡辺銕蔵《てつぞう》ら、資本家団体のメンバーも見られる。

この協会は、社会局の失業保険制度の構想が頓挫《とんざ》しつつあった一九二六年に、独自の失業保険構想を発表している。その内容は、「任意保険の援助、強制貯金の実施及び国立強制保険の準備」のための「第一期」を経たのちに、「第二期」として「国立強制保険制度の開始と其拡張」の時期に入るべきであるとした漸進的構想が示されていた（国際労働協会第八回失業委員会決議「失業保険制度樹立に関する方策」一九二六年二月二五日。高橋亀吉編『財政経済二十五年誌』政策篇〈上〉、八七八頁以降）。

同協会はその後、民政党内閣期に社会政策立法の期待を込めて一九二九年から活動を活発化させ、より目的を明確にするために一九二九年九月に「社会立法協会」と改称している。この団体は内部に資本家団体の関係者も加えていたが、討議を積み上げて労働組合法案、失業対策などを積極的に推進しようとする立場を堅持して、その後もいくつかの構想を公表している。

昭和恐慌前後期に、同協会は社会政策に積極的であった民政党に多くを期待していたようであるが、金解禁下の緊縮政策が失業を激化させたという事態に直面して、「失業緩和の為に緊縮政策を修正することに関する決議」(社会立法協会一般委員会第三回決議、一九三〇年一月一六日)をあげているなど、プラグマチックな対応を見せている(前掲『財政経済二十五年誌』政策篇、八九三頁)。

このグループは失業問題を放置しておくべきではないと考える有識者の緩やかな結合体であり、内部に相当の意見の相違を抱えていて鮮明な主張を展開することは困難であったが、外国の制度を漸進的に日本に導入しようとする努力を続け、マスコミに対してはかなりの影響力を持っていたといえる。

とはいえその影響力は、一九三二年以降、政府が新たな失業対策を整備するのではなく、景気の強行的な回復によって失業問題も解消していこうとする方針を明確にする中で、急速に失われていった。

唯一実施された失業対策　失業救済事業

冬期失業救済事業——一九二五～二八年度

すでに述べたように、戦前期に実際に実施された失業対策は、失業者の一部に仕事を与える失業救済事業だけであり、失業者に生活費を与える失業保険制度ないし失業手当制度は実施されなかった。そこで、失業救済事業がどのようなしくみで実施され、実施過程でどのような問題点に直面し、計画と実績はどの程度のものであったのかについて検討してみよう。*

＊ 本章の記述はとくに断らないかぎり、加瀬和俊『戦前日本の失業対策』に依拠している。本文中の記述の根拠となる事実関係、出典などについては本章では煩雑さを避けて省略しているので、それらが必要な場合には同書の対応する箇所を参照願いたい。

日雇失業者の増加

一九二〇年以降、景気が低迷するなかで、日雇《ひやとい》労働者の求人も低迷するようになった。とくに日照時間が短く、寒冷のために作業能率も低下する冬期にはその傾向が著しかった。日雇労働者は職を得られる日数が減少して生活難に陥ると、野宿をしたり、残飯を漁ったりせざるをえなくなったが、その際には雨露をしのげる屋根と食糧を得やすい場所に集団的に集まるようになる。これは大都市の治安問題に直結するので、都市自治体当局は次第にこれを放置しておけないと認識するようになった。

このため一方では、警察力を用いて彼らを規制し、一般住民地域から追い払う行動をとったが、他方では、簡易な宿泊施設を提供したり、食糧の炊き出しを行ったり、あるいはそれを行う宗教団体・慈善団体などに補助を与えたりすることによって、食と住を求める人びとが無秩序な行動に出ることを制御しようとした。しかしその人数が次第に増加を続けると、一時的救済のために開始したはずの臨時的収容所も炊き出しも止めることができなくなって、恒常的な対策が必要であると認識されるようになった。

一九二〇年代前半期、六大都市はこうした事態に直面していた。とくに東京市は一九二三年（大正一二）九月に発生した大震災の処理のために一時的に日雇労働者を大量に必要としたため、全国の日雇労働者が集まり、さらに農村部からも新たに職を求める人びとが入り込んで日雇労働者として働いた。一九二四年に入ってそうした緊急の作業が一段落すると、多数の日雇労働者が減少した就労機会を求めて競争しあう状態になってしまい、一人一人の就労日数は確実に減少するようになった。一九二四年の年末には、職を求める彼らが職業紹介所や東京市役所に集まって解散しないという事態が発生した。こうした流れに押された結果、東京市は、緊急に彼らに職を与える計画を立てざるをえなくなったのである。

失業救済事業の制度化

大都市部でのこのような事態は中央政府としても放置しておくことはできなかったので、内務省は一九二五年（大正一四）八月に、失業者を六大都市の公共事業で雇用した場合に、その賃金の半額を国庫が負担する方式を創出して、失業救済事業を開始するに至ったのである。

憲政会単独の第二次加藤内閣は一九二五年八月二日に成立したが、この内閣は金本位制《きんほんいせい》への復帰と社会政策の充実を重視していた。このため一方では、新規国債の増発を阻止する引締政策をとるとともに、他方ではそれによって深刻化が予想される失業問題への対策を強化しようとしていた。そして成立直後の八月一二日、内相・若槻礼次郎《わかつきれいじろう》と蔵相・浜口《はまぐち》雄幸《おさち》が会談して失業救済事業の実施方針を決定して発表したのである。

その内容は、冬期に六大都市自治体が失業者を就労させるための公共土木事業を実施す

浜口雄幸

若槻礼次郎

る場合、そのための資金の調達を支援するとともに、事業に要する賃金総額の半額を国庫で負担するというものであった。そして、そのための当面の予算として内務省の予備費から一三〇万円を回すことを明らかにしたのである。

この時点での若槻内相の声明によれば、この方針は「一般財界の整理緊縮」方針を変更するものではなく——換言すれば、「一般的に事業を起して失業者を吸収するの意義ではなく」——、緊縮財政は堅持しつつ、「失業の為め真に生活困難なるものの救助に代ゆるに仕事を与へ、其の生活を扶持せしめんとするもの」とされていた。また、この事業は法律を新たに定めることはせず、政府の一存で決められる予算措置

（内務省予備費の流用）として行政的に実施する方式が採られた。

一般公共事業と失業救済事業への公共事業の二分化

失業救済事業の実施によって公共土木事業は一般公共土木事業と失業救済事業とに二分されることになった。緊縮政策をとる政府は一般公共土木事業は極力抑制する方針をとって、その財源調達は地方自治体に任せ、補助金も起債（低利資金貸付）も大幅に制限する方針をとった。これに対して失業対策事業に認定されると、労力費の半額の補助金が与えられるとともに、自主財源で不足する部分については起債が認められることになったから、財源がなくても事業が実施できることになったのである。

地方自治体の土木部としては、財源制約の下で一般公共事業を実施することが困難な場合、財源面で優遇措置のある失業救済事業の形式で事業を実施することになったのであるが、その際にはすぐ後で見るような失業者本位の各種の条件を満たさなければならなかったのである。

こうした制約の下では、政府が緊縮政策をとると公共事業全体の圧縮とそのなかでの失業救済事業の増加とが生じ（後述する一九三〇～三一年〈昭和五～六〉の事態）、逆に政府が積極財政政策をとると公共事業全体の増額と失業救済事業の縮小が生じること（一九三二年以降の事態）になったのである。

失業救済事業のしくみ

失業救済事業の発足にあたっては、その手順などに関して相談するために、六大都市助役と六府県内務部長が参加して一九二五年八月二〇日に内務省の会議が開かれ、事業のための要綱が審議・決定されている。

この会合で決定された方針によれば、この事業のしくみは以下のとおりであった。

①　失業救済事業の内容は、高度な機械を用いることなく、主として労力によって実施する工事であって、不熟練労働者が従事しやすい事業であること。

②　この事業で雇用する労働者は、職業紹介所の紹介する求職者であること。ただし、熟練を要する工事部分を担当する者はこれ以外の者でよい。

③　雇用対象者は、失業救済事業を実施する市、およびその隣接地に居住する労働者で、職業紹介所に一〇月三一日までに登録する者に限定する。

④　賃金水準はその地方の普通賃金より低額とする。

⑤　請負方式（官公庁が請負業者に発注し、労働者はその請負業者に雇用される方式）はとらず、直接雇用方式（官公庁自体が就労者を雇用する）をとる。

以上のような独特のしくみがとられた理由を、それぞれの項目に対応させて列記すれば以下のとおりである。

①　失業者が誰でも失業救済事業に就労できるようにするためには、その仕事の内容は

熟練を必要としない簡単な作業でなければならないし、賃金を与えることが目的であるから、仕事の大半が機械ではなく手労働で実施されるものでなければならない。

②　失業救済事業の目的は失業者を就労させることであるので、失業者以外の建設熟練労働者らは就労させないことを原則とする。ただし、作業工程によって熟練労働者らが必要な場合には限定的にそれを認める。

③　他の地域から失業救済事業で就労する希望者が集まってくることを避けるために、就労は従来から事業実施地域に居住している失業者に限定される。それを確実に守らせるために就労者は事前に登録した者に限定した。

④　失業者以外の者が失業救済事業に就労したり、いったん失業救済事業に就労した者が継続的にそれに就労したりしないように、一般賃金よりも低い賃金として、就労者が常に一般就労機会に移行しようと努力するように仕向ける必要がある。

⑤　困窮者に仕事を与える事業であるから、世話役活動をする代わりに就労者の賃金の一部をピンハネする請負人を介在させずに発注主の六大都市が直接に就労者を雇用する方式とする。

このように、当該都市部に従前から居住していた労働者が失業して、他の仕事が見つからない場合に限定して、低賃金の簡易な労務作業を提供すれば、失業者は生活できるようになるし、民間の求人などが回復する時期には就労者はそちらに出ていくので、この事業の必要性は季節的なものにとどまると想定されていたのである。

冬期失業救済事業の実績　冬期にだけ事業が実施された四年間の事業の計画と実績を示した次頁表3によって事業の全体的な特徴を見ておくと、以下のような特徴が確認できる。

①　事業費のなかの賃金の比率は平均的には四〇〜四五％程度で、当時の一般の公共事業に比較して相当に高いといえるが、都市によってはかなりのバラツキが見られる（大阪市・神戸市の三〇％台から、京都市・横浜市の八〇％前後まで）。これは大阪市などが都市計画を重視し、失業救済事業も通常の公共事業に近い工事をその対象としていたこと、横浜市などは河川浚渫《しゅんせつ》のような人海戦術的作業が多かったことなどが影響している。このように各市の判断によって、実際の工事はかなり異なった性格のものを含んでいるのである。

②　四年度間の事業規模の推移に注目すると、一九二五年度以降、年ごとに縮小しており、労力費総額では初年度の約一七九万円から約一一五万円に、使用人員では（一日平均）約六八二六人から四八七一人へ減少している。この間、景気は悪化し、失業者数は顕著に増加していたが、事業規模はそれに逆行した動きを示しているので

ある。

③　労働人員に占める朝鮮人労働者の比率が、初年度の一一・九%から五五・三%へと急速に上昇している。

以上のような変化は、当初の社会局の想定とは大きく異なっている。以下、その原因について考えてみよう。

事業の計画と実績

使用人員 1日平均(e)	登録人員	
	計	朝鮮人割合
(人) 3,164	(人) 15,667	(%) 8.7
1,836	12,701	11.6
1,267	8,379	20.1
1,150	19,160	54.7
1,302	3,484	29.5
875	7,530	53.3
691	4,642	42.4
706	1,488	21.3
208	491	28.1
278	552	34.9
313	590	32.8
319	1,103	58.7
754	2,329	2.7
834	2,572	6.5
1,320	3,392	24.6
1,296	5,094	50.5
443	1,159	3.8
767	2,253	29.4
883	4,618	38.6
124	522	43.7
464	1,287	21.3
978	4,363	39.2
1,212	3,710	53.5
927	6,373	71.6
6,826	24,417	11.9
6,194	29,971	27.4
5,744	25,331	33.3
4,871	33,740	55.3

事業費総額に対する労力費の割合.

表3　冬期失業救済

都市名	年　次	労　力　費				事業日数(d)
		予算(a)	実績(b)	進捗率(b/a)	労力費率	
		(千円)	(千円)	(%)	(%)	(日)
東京市	1925年	875	789	90.1	41.6	134
	1926年	427	443	103.7	36.7	106
	1927年	448	467	104.3	34.6	150
	1928年	437	378	86.5	40.1	151
大阪市	1925年	749	375	50.1	36.9	167
	1926年	225	195	86.4	37.1	112
	1927年	165	201	121.7	33.4	148
	1928年	192	177	92.5	39.0	121
京都市	1925年	40	40	100.0	77.0	105
	1926年	42	42	99.7	68.3	100
	1927年	48	48	99.6	87.0	101
	1928年	45	45	100.0	51.1	98
横浜市	1925年	332	176	53.0	55.8	135
	1926年	288	203	88.8	86.1	139
	1927年	275	277	100.8	79.0	122
	1928年	274	271	98.7	79.1	121
神戸市	1925年	115	115	99.9	39.0	128
	1926年	145	148	101.5	36.5	111
	1927年	262	249	95.3	35.5	149
	1928年	79	88	112.4	34.6	111
名古屋市	1925年	104	104	100.0	35.1	126
	1926年	163	172	105.5	36.9	102
	1927年	243	244	100.4	42.5	122
	1928年	190	181	94.9	38.0	121
他とも計	1925年	2,468	1,786	72.4	42.7	
	1926年	1,456	1,324	90.9	42.4	
	1927年	1,456	1,501	103.1	41.3	
	1928年	1,229	1,149	93.5	44.6	

出典：社会局「自大正14年度至昭和3年度　失業救済事業概要」
注：「他とも計」には大阪府，神奈川県を含む．また「労力費率」は予算段階での

他地域からの就労希望者流入という計画と実績のズレ

まず右記の③については、潜在的失業者である農村在住者、渡航朝鮮人などが失業救済事業の実施される六大都市に大量に流入し、その就労者となったことが重要である。失業救済事業の賃金は当時は日給で一円四〇銭前後に設定されていた（当時の職工の日給は、東京市・旋盤工の場合には二円二〇銭程度であった。巻末年表参照）。この水準は大都市における通常の一般建設労働者の賃金よりは低かったが、民族的差別の下にある朝鮮人の内地民間賃金や内地農村部で就労可能な農業日雇賃金よりは相当に高かったから、朝鮮人の渡航や内地農村の余剰労働者の大都市流入を増加させることになったのである。とくに朝鮮人渡航者にとっては、この事業は制度的には差別のない就労機会として重要であった。

もちろん社会局でもこうした事態を予想して、従来から当該都市に在住していた失業者しか登録できないしくみを作っていたが、都市日雇労働者の流動的性格を反映して登録のための事前居住期間は上限でも三ヵ月にしか設定できていない。このため就労希望者は、登録のしくみについての情報を得た二年度以降には要件をクリアできる三ヵ月前に大都市に流入して（あるいは登録に際して三ヵ月以上前から居住していると主張して）、登録するようになったのである。

これは、関一が批判した「失業救済事業が失業者を作る」状況であり、この結果、失業救済事業の実施主体である六大都市当局自体がその拡張に消極的にならざるをえなくなったのである。

このように、本来は大都市に堆積した失業者の救済を意図して開始された失業救済事業が、大都市失業者の要求賃金水準よりも国内および植民地の貧困な自営業者の要求賃金水準のほうが低いという労働市場の特性の下で、後者の人びとの流入を促す役割を果たしてしまったのである。

直接雇用方式の問題点

次に②について。事業規模が急減した年度に注目すると、大阪市、横浜市ではいずれも一九二五年度に事業の進捗度が五〇％程度に止まり、翌年度に事業規模を大幅に縮小している。このことは事業が計画どおりに進展しにくい事情を示唆している。この理由は、実際に現場で工事を実施する六大都市当局の土木部と社会課の対立に由来していた。

すでに述べたように、ピンハネを避けて賃金の全額を雇用者に渡すという失業救済事業の原則にしたがって、就労者の雇用・使役に際しては請負人を認めず、六大都市が直接に失業者を雇用し、その土木部職員が直接に就労者たちの労働の指揮をとることが義務づけられていた。このため、通常の公共事業で実施されていた方式、すなわち請負人配下の労務管理者が就労者を指示どおりに働かせるという労務統括機能が存在しなくなったため、労務管理と賃金算定をめぐる現場での争いが常時発生するようになってしまったのである。

六大都市の土木部の職員と就労者との争いとしては、人夫か土工かの格づけ、作業中止時の賃金精算額、残業を認めるかどうか、各人の作業量の認定の正当性、けが人が出た際の対処のしかた、河川のなかでの作業を指示された際の対応など、以下のような争いの事例が報告されている。

人夫か土工かの格づけ争い

時期はややずれるが、一九三三年（昭和八）時点の東京市の失業救済事業では、基準日給は「土工」が一円六〇銭、「人夫」が一円三五銭であった。「人夫」は不熟練の単純労務者、「土工」は経験・技術を有する者という区別であったが、現場における実際の作業内容は区別されていないので、何年も建設業に従事している者は「人夫」に格づけされれば不満を抱えて労働強度を落とし、監督者に叱責されて争いに至ることが少なくなかった。

作業中止の際の賃金

作業を開始してから雨が降ってきて作業が中止になった場合、作業時間までの賃金を払うことが基本であったが、作業現場までの交通費がかかっていること、自分は作業ができるのに監督者が無理に止めてしまったことなどの理由で、それ以上の金額が払われないと解散しないといった事例が少なくなかった。このため午前中に一時間しか作業できなかったのに半日分の賃金を払わざるをえないといった場合が多く、これが積み重なると工事が完成しないうちに予算を使い切ってしまうといった事態が生じていた。

残業を認めるかどうか

就労者にとって賃金の日額を増やす最も簡単な方法は残業を行うことであったから、時間内に能率を落として仕事を残し、残業できるようにしようとして監督者と衝突する場合があった。また、熱心に働いていた者だけを残業に残し、そうでない者には残業を許可しない場合、後者の人びとが解散せずに紛争になる場合があった。

各人の作業量の認定の正当性

時間賃金では作業能率が上がらないことが明らかな場合には出来高賃金方式が採られたが、その算定をめぐる争いが避けられなかった。たとえば、トロッコに砂を三分の二以上積み込んで三〇《メートル》の距離を一〇回運ぶことを基準として、出来高賃金をそれに比例的に算定するとした場合、砂の量が過少になりやすかったり、雨天の後ではトロッコが砂に沈み込むという理由で基準回数の削減が要求されるなどして紛糾する場合があった。

けが人が出た際の対処のしかた

作業中にけが人が出た場合、職員側は軽度なけがとして継続就労を指示しても、本人がひどく痛むと主張して労災扱いを求めることがあった。また、けが人の介抱を多数の就労者が行って仕事を放棄したり、病院へ搬送する場合に、多数の就労者が病院へ同行するといった場合があった。日雇労働者側では、けがの治療が十分でないために障害が残ってしまった事例を知っているために丁寧な対応を要望するのに対して、監督者たる土木部職員としては労働回避のための口実にすぎないと考える傾向が強かったために、この面でも日常的な争いが絶えなかった。

河川内での作業の場合など

作業工程の都合上、河川内で作業するように（あるいは高所での作業なども同様）指示された就労者たちが、それに従わずに紛議が生じる場合もあった。就労者たちからすれば、河川に入れば衣服が濡れてしまうのに衣服の替えの準備がないこと、通常の作業と異なる場合には事前に予告すべきこと、厳しい作業だから通常作業より賃金を高めるべきことなどを要求することが多かったというが、土木部職員としては、作業をしてみなければ何人が何時間、川の中で作業することが必要かは算定できなかったのであろう。

失業救済事業における労務管理の困難と一般公共事業との違い

以上のような各種のトラブルは、現場作業日誌の報告部分から抜粋したものである。請負人が介在していれば、こうした事態は自治体職員のあずかり知らぬ問題ですんでいた。労務者たちは、請負人に賃金の一部をピン撥ねされる代わりに、宿舎と食事は仕事のない日でも保証されていたから、その指示に従わないことは困難であった。また、請負人は必要に応じて監督者を増員したり、暴力的な労務管理を行ったが、発注者としての官公庁はそれについては無関心でいることができたのである。

これに対して失業救済事業では請負人の存在が禁止されていたから、六大都市の土木部職員がこうした細々とした争い事の前面に立ち、就労者から追及されたり、指示した事項が無視されて作業が順調に進展しない状況が生じたのである。同じ自治体の一般公共事業では、能率を重視して請負人の存在は従来どおり認められていたので、土木部職員が失業救済事業を嫌悪し、一般公共事業を担当したがるのは自然なことであった。

したがって、緊縮財政で一般公共事業のための起債が大幅に制限されていた時期に開始された失業救済事業が、一九二七年に政友会・田中内閣に転じて起債制限が緩められて以降、一般公共事業にシフトして失業者就労・請負人排除の義務づけがなくなったのは、理由のないことではなかった。

ともあれ、現場でこうした労務管理上の困難があるにもかかわらず、土木部職員には採用者を決定する権限も解雇する権限もなかったので——誰がその日の就労者になるのかは失業救済事業の所管部署である社会部と職業紹介所が決定した——労務統括がきかなくなってしまったのである。

その結果は、同種労働の民間工事・一般公共事業に比較して低く設定されているはずの賃金がかえって高くなってしまい——紛争を避けるために作業量の算定が甘くなる、残業を寛大に認める、雨天のため中途で作業を打ち切っても一日分の賃金を払う、格づけで人夫を土工に格上げするなどの措置がとられて——、予定の予算の範囲内では工事が完了しないといった事態が発生するようになった。それは予算制約をかかえる大都市当局に対して、失業救済事業の圧縮を迫る事情とならざるをえなかったのである。

失業救済事業として適切な工事は限られていた

こうした事態の背景には、失業者を就労させるための適切な事業を見つけることが容易でなかったという事実が存在する。ケインズは「穴を掘ってまた埋める」事業でも公的雇用が増加すれば経済的効果はあると指摘しているが、財政制約に縛られている地方自治体が、事業効果のない工事を実施することは政治的・行政的には不可能であった。

また、機械・熟練を必要としない、単純労務だけの工事を見つけることは容易でなかった。都市化の進展した一九二〇年代には都市化関連の工事の需要が大きかったのであるが、それらの工事は各種の土木専門職を必要とする工程が相当の比重を占めることが通例であった。実際、大工、左官《さかん》、鳶《とび》などが必要な工程を経験のない失業者に任せてしまっては、工事は円滑に進行できなかった。

このため「就労者総数のうち失業者が四割以上を占めなければ失業救済事業として認可

されない」という条件をクリアすることは実際には容易でなかった。この結果、機械を用いれば短期・少人数で完成する事業をわざわざ人力だけで実施するといった無理も生じたが、厳しい予算制約の下ではそうした無理によって事業規模を拡大することは困難であり、結果的に事業規模は低迷・縮小せざるをえなかったのである。

事業規模を低迷させた今一つの事情は、失業救済事業によって就労可能となる失業者が失業者全体のごく一部に留まることが明瞭になったことである。社会局が財界の意向に配慮して失業保険制度を断念して失業救済事業を選択した背景には、どちらも失業者に対する経済的効果は同じであり、後者のほうが失業者を怠惰にしない点で優れているという判断があった。言い換えれば、失業救済事業は日雇労働者だけでなく、失業した俸給生活者、一般労働者をも救済できるという想定があったのである。

失業救済事業は日雇失業者しか救済しないという現実

しかし、現実には失業救済事業によって救済される失業者は、従前から建設業などに従事していた日雇労働者が中心であって、工場労働者・俸給生活者らは失業救済事業には就労しようとしないことが明瞭になったのである。

これは、「誰でもできる単純な作業を提供すれば失業者は誰でもそれに従事する」、「失業者が増えても失業救済事業を拡張すれば対処できる」という単純な想定が現実に見合っていないことを意味していた。言い換えれば、失業救済事業が理想的な内容と規模で実施されたとしても、解決できるのは日雇労働者の失業問題に限られていることが政策当事者にも自覚されざるをえなくなったのである。この事態は、大都市自治体当局に対して失業救済事業を拡張する熱意を失わせることになった。

以上のような理由から、一九二〇年代後半には、不況の深化の下で失業者数は増加傾向をたどっていたにもかかわらず、六大都市で実施された失業救済事業の規模は縮小していったのである。失業問題がさらに深刻化した場合、失業保険制度の導入を含めて失業対策のあり方を全面的に見直すのか、それともいったん採用された失業救済事業のしくみを修正しながらその拡大を図っていくのかが重大な選択肢となってきたのである。

緊縮政策期の失業救済事業――一九二九〜三一年度

事業のしくみの変化と規模の拡大

一九二九年（昭和四）七月に政友会《せいゆうかい》・田中内閣が張作霖《ちょうさくりん》爆殺事件の責任を負って総辞職し、民政党・浜口内閣が成立すると、金輸出の再開（金解禁、すなわち金本位制《きんほんいせい》への復帰）によって世界経済との結合関係をスムーズにすることが即行すべき目標として明確に設定された。一九二五年の第二次加藤内閣で着手した緊縮財政をいよいよ本格化させて、国際収支の赤字を解消した上で、為替相場を固定する措置をとることがその内容であった。

このため蔵相・井上準之助は緊縮政策を徹底し（いわゆる井上財政）、進行中の一九二九年度予算を大幅に削減する措置をとった。この方針の下では失業者が増加することが予想されたから、浜口内閣は同時に失業対策の拡充方針を打ち出している。

このために、社会政策審議会による応急対策の答申にもとづいて定められた新しい方針は、従来の失業救済事業を大幅に拡張するものとなった。その主要な変化の内容は、失業救済事業を冬期限定の事業から周年可能な事業へ拡大すること、同じく六大都市限定の事業から全国どこでも可能な事業へ拡充することであった。

事業規模の急増とその背景事情

この拡充された規則に基づいて実施された一九二九～三一年度（昭和四～六年度）の事業は表4に示されるように急拡大し、登録者数は一九二八年の約三万四〇〇〇人から一九三二年の約一七万人へと急増した。一九二五～二八年度（大正一四～昭和三年度）には伸び悩んだ事業が、どうしてこのように一挙に増加に向かったのであろうか。

第一に、全体としての公共事業の大幅圧縮と、そのなかでの失業救済事業の位置の上昇によって、新規の

労賃率 (b/a)	日給 (b/c)	公共土木事業費 計 (e)	比率 (a/e)
(%)		(千円)	(%)
42.8	1円85銭	299,850	1.2
46.5	1円90銭	319,188	1.1
46.6	1円93銭	354,611	0.9
45.0	1円87銭	353,861	0.7
41.8	1円82銭	344,928	1.6
37.4	1円77銭	294,444	7.8
38.4	1円18銭	303,381	21.6
31.1	1円50銭	400,996	15.9
30.1	1円37銭	420,671	11.3
27.0	1円33銭	361,231	8.3
29.1	1円34銭	385,750	5.8
30.2	1円43銭	407,363	5.5
32.8	1円49銭	——	—
28.3	1円63銭	——	—

表4　失業救済事業の実績

年次	事業費（決算）(a)	労力費（決算）(b)	使用延人員（実績）(c)	登録者数 計 (d)	登録者数 朝鮮人割合
	（千円）	（千円）	（千人）	（人）	（%）
1925年	3,495	1,495	808	24,417	12.0
1926年	3,466	1,612	847	29,971	27.5
1927年	3,109	1,449	751	25,331	33.4
1928年	2,491	1,120	598	33,740	55.3
1929年	5,530	2,313	1,268	40,115	38.8
1930年	23,110	8,650	4,897	68,595	
1931年	65,380	25,129	21,364	139,886	
1932年	63,791	19,854	13,207	171,489	22.5
1933年	47,637	14,343	10,504	151,062	22.2
1934年	30,068	8,117	6,105	101,658	22.3
1935年	22,366	6,517	4,854	96,451	
1936年	22,338	6,757	4,727	51,286	
1937年	11,768	3,855	2,584	37,190	21.4
1938年	6,525	1,848	1,133	24,735	

出典：厚生省職業部『昭和13年度失業応急事業概要』
　　　建設大臣官房調査統計課『明治以降土木事業統計抄録』
　　　中央職業紹介事務局『職業紹介年報』

公共土木事業を実施するためには、失業救済事業としてでなければ認可されない傾向が明瞭になったことである。緊縮財政を徹底させた蔵相・井上準之助の下で一般の公共事業は大幅に圧縮されたが、対照的に失業者雇用を義務づけた失業救済事業だけが優先的に認可されるようになったのである。

事業実施地の公共団体の財政力が潤沢であれば、こうした大蔵省の方針に制約されずに、独自財源によっ

井上準之助

て自前の公共事業を実施することが可能であった。しかし、どの自治体も起債《きさい》許可と国庫補助金を受けなければ事業を実施できない財政状況にあったから、既存の一般公共事業計画の内容を修正して、失業者を雇用する義務を負った失業救済事業に組み替える方針をとらざるをえなかったのである。こうして各自治体では現場を担当する土木部職員の反発にもかかわらず、失業救済事業が急増するという事態が進行したのである。

第二に、前期に明らかになった失業救済事業実施を制約する諸条件が、現実の必要性に迫られて修正・廃止され、一般公共事業へ類似した事業に変化していったことである。たとえば、事業費中の人件費割合が低い事業、総就労者のなかの失業者の就労割合が低い事業でも失業救済事業として認可されることになった。加えて、請負人排除の方針が非現実的であるとされて、請負人を「現場責任補助者」などの名目で自治体が雇用して労務統括にあたらせることが容認されることになったのである。

また、制度的な改変はともなわなかったが、失業救済事業に指定された国営土木事業については、その実施主体である内務省土木局（具体的には工事現場に所在するその出張所）が就労者を独自に決定してしまい、失業者の認定権を持つ社会局・各県社会部・職業紹介所の関与を退ける方針がとられている。これに対して社会局は「労働統制員」制度を導入して土木局の制度違反を非難しているが、公共事業費の大幅引き下げの下で必要な公共事業を実施しなければならなかった土木部は、土木事業の円滑な遂行を優先させる態度を貫いている。

このように制度的ないし運用上での修正を通して、失業救済事業の規模が急増したのであるが、そのことは失業救済事業の性格が一般公共事業に接近したことに他ならない。以上のような経緯を通じて、公共事業全体は大幅に圧縮されながら、その一部である失業救済事業（失業者を就労させる義務がついている）だけが拡張された結果、専業的な土建労働者が半失業者化し、建設業界の労使がともに失業救済事業の中止を要求するという事態が発生した。この点では失業救済事業は、請負業者配下の建設業専業労働者と流動的な日雇労働者とを、前者を就業者から半就業者へ、後者を失業者から半失業者へ移行させることによって平準化し、打撃を拡散させる機能を果したといえる。

登録方式の変化

こうして拡張された失業救済事業によっても、増加した失業者を吸収することはできなかった。このことは、失業登録者一人当たりに与えられる就労日数が減少する恐れをもたらしたが、職業紹介所はそれを避けるために登録者数を抑制しようとするようになった。すなわち、失業者が増加し、失業救済事業での就労希望者が増加するにつれて、一斉登録（全員入れ替え制）が困難になり——排除された者が職業紹介所や現場に出向いて紛議を起こすといった事態が生じたので——、既登録者の権利を抹消できた分だけ新規登録を受けつける方式に変わっていったのである。

東京市の場合には、一九二九年度（昭和四年度）までは一斉登録が実施されていたが、一九三〇年度には七月と一一月に部分的な追加登録がなされたのみで、一九三一年度以降は追加登録も中止されてしまった。同時に、登録条件が厳格になり、従来は救済対象となりえた者も排除されざるをえなくなって、失業者に対する無差別平等な救済策とはいえない状況になっていった。*

＊　一九二九年度の登録条件は内務省規則のまま（事業施行地市町村およびその隣接市町村に三カ月以上居住していること、失業し生活困難なることの二項目）であったが、一九三〇年（昭和五）七月に、①東京市内居住者（隣接地居住者排除）、②戸籍謄本と貧困証明書の提出、③扶養家族がある者、のすべてを満たす者だけが登録できることとなった。さらに一九三三年四月には右記の条件のほかに、①三人以上の家族である者、②三人家族で二〇円、一人増すごとに五円を追加した金額よりも月収が低いことを証明した者という条件が加えられている。

このように、失業していれば失業救済事業に登録できるという無差別平等原則が放棄され、就労者枠に余裕のできた人数分だけ、新規希望者を受け入れるという方式に変わったのである。どんなに困窮している失業者であっても、就労者枠に余裕がないかぎり放置されざるをえないという方式に転じたことは、失業救済事業が失業者にとっての最後のよりどころとしての意味を大幅に減じたことを意味していたといわなければならない。

就労者の就労状況

続いて失業救済事業に従事した人びとの側から労働日の決定事情について見ておきたい。

失業救済事業は、就労を希望する失業者数に比較して規模が限定されており、交替就労方式がとられていた。すなわち、登録失業者が毎日就労するだけの規模で事業を実施することはできなかったため、数日に一度だけ就労が認められるという交替就労方式が避けられなかったのである。東京市の場合には、三日に一日程度の就労が可能になることを目安として登録者数が調整されていたといわれている。

このため登録失業者の就労のしかたは次のようになった。

まず、基本的には（職業紹介所側の想定としては）就労を予定された日――種々の方式があったが、たとえば当該職業紹介所の登録番号一～一〇〇番までは月曜・木曜に就労というように定める――には直接に現場に出向いて失業救済事業に従事し、その他の日には失業救済事業には従事できないので民間の日雇労働で就労することを希望して手配師の集まる労働紹介所に早朝に出向き、運がよければ就労できるし、そうでなければ仕事がない一日となる。

ただし、就労が予定された日に、現場に直行するよりも早い時間に労働紹介所で民間日雇労働の機会が得られる場合があり、その際にはそちらに行ってしまう。その結果として、失業救済事業に人手不足が生じる場合があった。予定数の変動が事業執行上マイナスである場合には、予定どおりに就労しなかった者には次の就労機会を与えないといった措置がとられるが、通常はそうした複雑な措置は困難であった。このため、土木部職員の実感としては、失業救済事業は予定どおりに労務者が集まらず、とくに年度末などの多忙な時期には予定が立ちにくかったといわれている。

景気の回復と失業救済事業の漸減——一九三二年以降

失業救済事業の農村版——救農土木事業

一九三一年（昭和六）一二月に成立した政友会・犬養《いぬかい》内閣は、蔵相・高《たか》橋是清《はしこれきよ》の手で金解禁政策の放棄＝金輸出再禁止を断行したが、当初は基本的に緊縮政策を引き継ぐ姿勢を示していた。しかし、一九三二年五月の犬養首相暗殺による経済危機の政治的危機としての深化に迫られて、財政金融政策が本格的に積極政策へ転換する。為替切り下げによる輸出増進と、満洲事変をきっかけとした軍需経済化に支えられて、国際緊張を高めながら景気が回復していくことになったのである。

積極政策の下で危機対応の三年度計画が作られた。一九三二年九月からスタートした救農土木事業は、窮乏下の農民に現金を付与するために農村部の道路工事、耕地整理などを全国的に実施するものであり、失業救済事業の農村版であった。

ただし、失業救済事業が失業者のなかで生活苦の深刻な者を選抜して登録・就労させたのに対して、農村では皆が貧しく、皆が就労を希望していたので、誰にどれだけの就労機会を与えるのかは実質的には各町村（各町村のなかでは各集落）に判断が任された。そのため、最も貧しい少数の村民を選抜して毎日就労させる方針をとった村もあれば、村民の大半が数日間ずつ就労機会を分け合った村もあり、その方式をめぐって村内の対立が表面化する場合もあった。

とはいえ中央政府、県行政からすれば、農村での事業は予算を割り振りさえすれば、後は工事の監督も含めて農村の側で自主的に事業を実施する体制がとられるのであるから、事業の実施面には失業救済事業のような大きな困難はなかったといえる。

一九三二年以降の景気回復過程では、先行きの見通しが不確かななかで、企業は新たに雇用する労働者の多くを低賃金で短期雇用形態の臨時工として採用したために、全体として賃金は上昇しなかった。このため、国民的購買力の増加は緩慢で、農産物価格の回復は遅れざるをえなかった。工業製品価格が一九三二年以降、上昇に向かったのに対して、農産物価格は一九三五年ころまで低迷を続けたのである。そのため、現金収入源として救農土木事業は重要であり、一九三二〜三四年の実施の後、これが廃止された際には継続を求める要求が強く表明されていた。

他方、工業を中心とする非農業部門では景気回復が進行したが、失業救済事業（一九三二年度からは「失業応急事業」と名称変更。事業の性格には変化がないので、本書では従来どおりの呼称を用いる）に対する就労希望は徐々にしか減っていかなかった。

中高齢者が残存した失業救済事業

その原因は容易に予想されるように、若年者から民間での雇用が増加し、中高齢者は失業状態のまま放置される傾向があったからである。この結果、失業救済事業は中高齢者を主たる対象とする事業という性格を強めていった。

前掲表2（四六〜四七頁）に示されているように、四〇歳を境にして若年者の構成比が低下し、代わって中高齢者の比率が上昇していることが読み取れよう。具体的には、一九三一〜三三年（昭和六〜八）には二〇歳代と三〇歳代が最大多数を占めていたのに対して、一九三四年以降には二〇歳代、次いで三〇歳代の減少が著しく、一九三六年以降は四〇歳代が最多となり、五〇歳代の順位も上がっているのである。

こうした年齢構成の変化の結果、失業救済事業は民間の土建事業はもとより、一般の公共事業に比較しても労働意欲・労働能力の劣る就労者を多く抱えている非能率な事業であると見られるようになっていったのである。

戦時経済下―失業の強制と失業対策部

続いて一九三七年（昭和一二）七月に日中戦争が始まると、戦時統制経済が本格化し、不要不急産業の企業を廃業させ、その資金・資材・労働力を軍需産業に振り向けるために企業整備が進められた。これによって、商業、サービス業、消費財＝軽工業の経営者・労働者が強制的に失業者にされてしまったのである。

しかし、この新たな失業者に対しては、失業救済事業で就労させるという措置はとられていない。一〇年余にわたる失業救済事業の経験から、商店の経営者、その従業員らは日雇労働には従事しないことが予想できたし、彼らの従来の所得に比較して失業救済事業での賃金は相当に低く、心理的抵抗が避けられない点が考慮されたのであろう。

この人びとに対する失業対策は、社会局を改組して一九三八年に新設された厚生省の大きな仕事となった。厚生省は商工省と共管で「失業対策部」を新たに設けて、商業や軽工業などの企業整備によって職を失った人びとの対策をとる責任を負うことになったが、長年従事した熟達した仕事を国の都合によって奪われて、中年以降になってから急に職業の転換を迫られた者を、どのような仕事に就けるかは、新しい課題であった。

しかしながら戦時統制に国民が協力することが当然の義務と考えられていた当時、これに対する対応策は極めて不十分なものであり、現実には、企業整備に対する補償金が失業期間中の生活を支えるための失業手当として機能することになったといえる。

その上で、新しい職場については、労働力不足の下で徴用などによって失業者に対する働き場所の指定がなされた。長い経験に支えられて相当額の所得を得ていた人びとが、軍需工場のまったくの不熟練・新入り労働者として再配置されるといった状況に対して、当事者たちの不満を避けることは困難であった。

ともあれ戦時統制経済の下にあっては、三〇万人から七〇〇万人にまで急拡大した軍隊に二〇～三〇歳代の男子が総動員されて、圧倒的な労働力不足状況にあったから、企業整備にともなう失業問題は、当事者たちには大きな苦痛を押しつけながら、労働力不足部門へ強引に配置されるかたちで解消されてしまったのである。

俸給生活者失業救済事業

俸給生活者失業救済事業の制度化

失業者に公的な雇用機会を提供する事業には、これまで検討した日雇《ひやとい》労務を内容とした失業救済事業のほかに、規模ははるかに小さいながら、事務労働者ないし中高等教育機関卒業者のためのデスクワークの作業もあった。一九二九年度から開始された俸給生活者失業救済事業がそれである。*

＊ 本節の記述はとくに断らないかぎり、加瀬和俊「職員層失業対策の歴史的特質—小額給料生活者失業救済事業の意義」『社会科学研究』五六巻二号による。

この事業は、中高等教育機関を卒業した事務労働者たちが、日雇労務の経験欠如のために、失業しても失業救済事業に従事しようとしない状況に直面して、立案されたものであった。

具体的には、浜口内閣が社会政策審議会に失業対策の強化策を諮問した際に、社会局が提出した「下級知識階級ニ対スル授職施設国庫補助条件要綱案」（一九二九年九月四日）にもとづいて事業が開始されている。

事業の制度的内容

この事業の制度的内容は、以下のとおりであった。

① 事業実施主体は「失業者特に多き地方に於ける公共団体」であり、その地域は「六大都市其他主要都市」である。

② 事業の対象は「下級知識階級の失業者又は未就職者にして生活困難なる者」である。

③ 事業は救済のために実施する新規事業であって、その主たるものは、「イ。失業調査其他当該公共団体の社会施設の参考となるべき基礎調査。ロ。当該公共団体並他の委託に係る謄写《とうしゃ》、筆写、計算、図書整理、製図、製本、タイプライター等の事務」であるが、「必要なる場合に於ては職業輔導をも行うこと」。

④ 実施時期には制限がなく周年実施が可能とされていること。

⑤ 国庫補助は「イ。官庁の委託に係る事務に付ては就業者手当の全額。ロ。公共団体の事務に付ては就業者手当の二分の一。ハ。前二号の手当以外の経常諸費及建設費の二分の一」とされ、さらに必要があれば起債が許可され、低利資金が融通されるとさ

業救済事業の推移

べ人員 実際(f)	国庫補助 交付額(g)	事業進捗率 (b/a)	労賃率 (d/b)	日　給 (d/f)	補助率 (g/b)
(千人日)	(千円)	(%)	(%)		(%)
114	109	73.7	77.8	1円51銭	49.3
445	*	89.9	90.4	1円49銭	*
814	*	92.3	94.3	1円43銭	*
1,129	1,465	91.7	91.6	1円34銭	88.5
1,370	1,525	96.9	92.1	1円21銭	84.5
1,150	1,074	93.4	92.2	1円23銭	69.9
1,131	1,017	96.9	91.2	1円23銭	66.9
937	791	95.2	89.1	1円24銭	60.7
759	666	92.2	88.7	1円32銭	58.8
442	382	87.4	86.3	1円34銭	55.6
248	222	77.0	84.1	1円36銭	55.2

り，分離できない．

れた。

この事業も失業救済事業と同様に、「その地方における同種の者の賃金又は手当より低額」であること、「夜業歩増《ぶまし》」は避けることなどを原則としていた。

ただし、失業救済事業と異なって、交替就労原則が課せられていないことは注目すべき特徴である。その理由は明示的に説明されてはいないが、失業救済事業にあっては、登録失業者はそれに就労できない日には一般の日雇仕事の求職者となって職探しを行うことができたのに対して、事務労働者にあっては日々新たに雇用される日雇型の事務労働の求人はないと理解されてい

表5　俸給生活者失

年次	事業費		就業者手当		使用延
	予算(a)	決算(b)	予算(c)	決算(d)	予定(e)
	(千円)	(千円)	(千円)	(千円)	(千人日)
1929年	300	221	237	172	149
1930年	819	736	718	665	464
1931年	1,337	1,234	1,207	1,164	790
1932年	1,804	1,655	1,609	1,516	1,331
1933年	1,861	1,804	1,670	1,662	1,390
1934年	1,645	1,537	1,490	1,417	1,235
1935年	1,568	1,520	1,419	1,386	1,183
1936年	1,369	1,303	1,192	1,161	993
1937年	1,229	1,133	1,082	1,005	869
1938年	786	687	661	593	516
1939年	522	402	385	338	358

社会局『失業応急事業概要』各年度版.

注：1930～31年度の国庫補助額は日雇労働者失業救済事業分と一体で表示されてお

たためであろうと推測される。

俸給生活者救済の実績

そこで俸給生活者失業救済事業の実績について、統計的に確認される諸点を列記しておこう。

①　事業規模の推移については表5に明らかなように、事業費決算で見て、一九二九年度（初年度）の約二二万円から一九三三年度（ピーク時）の約一八〇万円に向けて増加し、以後緩やかに減少に転じ、一九三八年（昭和一三）以降は急減を示している。

②　事業費の九〇%前後が一貫して労賃支払い額となっており、事業費の大半が失業者の収入になった

という意味で、事業効果はより直接的であったといえる。これに対して、前掲表4（一六二〜一六三頁）を見ると、失業救済事業にあっては事業費中の労賃の割合は一九二五〜二九年度が四五％前後であり、以後低下して、三二年度以降が三〇％前後である。

③　表5を見ると、就労機会を与えられた失業者数は、延べ人員で見て初年度の約一一万人日から急増し、一九三二〜三五年度には約一一〇万人日台〜一三〇万人日台で推移している。年間の事業日数を三〇〇日とすれば、一日当たり四〇〇〇人前後が就労していた勘定になる。一九三二〜三三年時点の「給料生活者」の失業者数は八万人前後と推計されているので（社会局社会部『失業状況推定月報概要』一九三三年）、その五％前後が救済対象となっていた勘定になる。

④　全事業規模に占める東京の比重が八割前後と圧倒的に高く、他の五つの大都市（およびその所在府県）の比重ははるかに低い。これは業務の内容が中央官庁、とくに社会局の調査類などであったことに関わっている。

この事業は実態的にいえば、官庁業務の一部を正規の職員を採用することなく、複数のアルバイト的な就労者に分割したものにすぎなかったといえる。とはいえ、失業状況が継続して精神的に不安定化していた事務労働者の一部に対して、就労機会を提供したことは、高学歴の失業者が「思想問題」に染まることに対して、一定の歯止めの意味は持ち得たと思われる。

事業の記念碑―『失業者生活実態調査』

先にふれたように、この事業で実施された作業は、社会局の社会調査類が多かった。今日に残されているその成果物は少なくないが、一九三二～三四年（昭和七～九）に実施された詳細な社会調査類は、通常では実施できない大がかりな調査を、この事業のしくみで実施したものである。

とくに当時の失業者の様相を、二万人以上の登録者・登録希望者全員に面接して調査した社会局『失業者生活実態調査』は、俸給生活者失業救済事業で雇用された失業者が、失業救済事業の登録者をそれぞれ自宅に訪問して聞き取りを行って調査票に記入した貴重な記録であり、戦前期の社会調査のなかでその規模と綿密さにおいて特別に重要な位置を占めている。

失業保険制度不在の原因と影響

一九二〇年代の失業保険構想

これまで述べてきたように、戦前日本の失業対策は、求職者と求人企業との仲介業務である職業紹介事業を別とすれば、官公庁による失業者の雇用策（失業救済事業と俸給生活者失業救済事業）だけであった。これに対して欧州諸国の大半では、一九二〇年代には失業保険ないし失業手当制度が存在しており、失業者は一定の条件を満たせば、失業中の一定期間、給付金を受給して生活することができた。

日本でも失業保険制度を導入すべきであるという主張は有力であり、社会局もその制度化に向けた努力を続けたのであるが、戦前期にはそれは実現されず、ようやく戦後の一九四七年（昭和二二）に今日の雇用保険制度につながる失業保険制度が実現されたのである。

本章では、失業保険はなぜ採用されなかったのか、またその結果として失業問題・失業対策にどのような特徴が生じたのかという問題について考えてみたい。

解雇手当（退職手当）制度の普及

戦前期には、企業側の都合で従業員を解雇することは、ごく普通の事態であった。

雇用者の大半が製糸女工《じょこう》・紡績女工などの未成年女子で占められていた時代には、解雇されれば異議を申し立てることなく、すぐに親元に帰ることが取り決められていた。しかし、一八七〇年代、八〇年代の繊維産業中心の時代がすぎ、一八九〇年代の日清戦争前後の時期になると軍工廠《ぐんこうしょう》などが発展し、さらに一九〇〇年代には鉄鋼業・造船業などが展開すると、男子の熟練労働者が量的に増加するようになった。熟練が重要な産業では勤続年数が長期化するから、その労働者の多くは扶養家族を抱えた者となる。

そのため、従来のように景気の浮沈に応じて企業の都合で解雇を行うことは、次第に困難になってきた。扶養家族をかかえて生活ができなくなり、企業に対して雇用の継続や離職にともなう一時金を要求する動きが表れてきたからである。

この結果、重工業男子労働者に関しては、勤続年数に応じて一定の解雇手当を支給して、解雇が争議を引き起こさないようにする慣行が次第に普及するようになった。この種の手当は、企業内の共済組合が支給する場合と、企業そのものが支給する場合とがあったが、労働者の権利としてではなく、企業側に広範な裁量の余地を残して、企業の自発的なしくみとして普及していったのである。

造船業の解雇者への補償金

第一次大戦直後の戦後恐慌《きようこう》以降、相継ぐ解雇のなかでこの慣行が一定規模以上の企業には定着するようになった。とくに大戦中に絶好調であった造船業が一九二〇年代に入って一挙に不況に陥ると、生産量の減退に合わせて大量の職工を解雇せざるをえなくなったが、それは労働者の責任ではない国際環境の変化によって引き起こされたという事情が明瞭であっただけに、広い同情が寄せられた。

憲政会が主導して一九二二年（大正一一）二月二日に衆議院で採択された「軍備縮小に基因して生ずべき失業労働者の善後に関する建議」は「国家の政策を変更したるが為に由て以て起る所の失業者に救済の途を立つるということは国家当然の責務」であるという前提に立って、「退職手当其の他の優遇の途を講ずる」べきであるとして失業給付策の充実を主張している（『大日本帝国議会史』第一三巻、七二五〜七二六頁）。

これが満場一致で可決され、「軍縮整理・行政整理に伴う退職者の特別賜金に関する勅令」（一九二二年一一月三日）によって造船業などの解雇者に国庫から失業補償金が支払われたことは（大原社会科学研究所編『日本労働年鑑』大正一二年版、一一四頁）、失業給付形態の施策を「惰眠《だみん》を養成する」として否定してきた従来の伝統的議論の枠組みを動かし、失業保険制度の実現可能性を検討させる好条件になった。以後、一定規模以上の企業にとっては、この退職手当制度は守るべき慣行として定着していったといえる。

この方向は「無手当解雇（即時解雇）」は容認しないという社会局長官の通牒《つうちょう》（一九二五年一二月一三日）、および解雇に際して一四日間の予告期間をおくか、一四日分の賃金以上の手当の支払を義務づけた工場法施行規則令改正（一九二六年六月、前掲『労働行政史』第一巻、二一七頁）によって制度的に強化された。

解雇手当は、解雇された人びとの生活保障として決して充分なものではなく、当初は餞《せん》別《べつ》金の域を超えない場合が大部分であった。しかし、争議を避けようとする企業の意思と、労働者側の強い要求によって、解雇手当の金額についての規定が整備され、その金額も上昇する傾向が一九二〇年代には見られたのである。

憲政会の失業保険法案

原政友会内閣が職業紹介所の設置程度の失業対策しか実施していない段階で、野党の憲政会はイギリス・ドイツの制度を参考にして失業保険法案を立案し、第四五回帝国議会（一九二二年二月）、第四六回帝国議会（一九二二年一二月）の二度にわたってこれを提出している。

官僚出身者を多く抱えていた憲政会の法案は、財政支出が多額にのぼることを避けた、以下のような慎重な構想であった。

①　失業保険の機関（会計単位）は、失業保険組合である。政府は勅令で指定する事業の雇用主と労働者をして失業保険組合を設置させることができ、これが設置された場合は強制加入となる。

②　被保険者は「職工、傭人《ようにん》」と「事務員及技術員」であるが、一六歳以下、六〇歳以上、見習職工、年間報償が一二〇〇円を超える者は除外する。

③　保険料は国、雇用主、被保険者で各三分の一ずつ負担する。被保険者の保険料は基本給料の一・五％以下とする。

④　保険給付は失業後第一六日目から開始し、開始後一年で終了する。保険給付額は失業時の基本給料の二分の一から三分の二の範囲で勅令で定める。

⑤　保険給付のための資金が不足した場合、政府は組合に総額一〇〇〇万円以内の貸付を無利子で行うことができる。

なお、失業保険制度を適用される企業として勅令で指定することが予定されていた産業・企業は、「我国最初の試みとして施行せむとするに際しては工業の基礎略《ほぼ》確立し職工の組織的秩序立ちたる職業にのみ限るを適当とすべし、例へば造船、機械、製鉄の如き是なり」（『東京朝日新聞』一九二一年九月一日）とされていた。すなわち、被保険者の範囲は、重工業大経営の男子労働者を中心とした小規模な範囲からスタートさせようと構想されていたのである。また、掛金も給付金も所得比例方式をとっており、掛金期間と給付期間の間に関連をつけずに、被保険者はいずれも上限で一年間の給付を受ける方式となっていた。

森田良雄の構想　のちに財界の意向を代弁して失業保険構想全面否定の論陣をはる森田良雄は、一九二〇年代の前半期には失業対策・失業保険について積極的な発言を行っていた。一九二五年（大正一四）に刊行された著書のなかで彼は、「失業保険の実施は誠に急務中の急務」と述べた上で、「私案失業保険要旨」を掲げている（森田良雄『失業保険論』）。

その内容は、

①　国営保険方式をとり、被保険者・保険者ともに健康保険と同一とすること、

②　保険料は国、事業主、被保険者が三分の一ずつ負担し、被保険者負担は標準日給の二％以内とすること、

③　給付額は標準日給であり、保険加入期間六ヵ月で給付期間は一〇日からスタートし、加入期間が延びるに連れて給付期間も延びる方式とすること、

④　収支に赤字が出た場合には「其の不足部分は国庫及び事業主各其の二分の一を負担す」る、

というものである。

憲政会法案との最大の違いは給付期間と保険加入期間とを相関させていることであって、その計算式によれば、勤続期間が長期化するにつれて支給額が累増していく方式が取られており、短期間で失業した者は掛け金を回収する程度の給付金しか受けられず、勤続期間が延びるにつれて、掛け金を大きく超えた給付が得られるという内容であった。

政府構想の進展

一九二二年（大正一一）一一月に内務省の外局として社会局が設立されると、一九二三年六月一日には第二部保険課を健康保険部に拡張して健康保険制度実施の作業を開始すると同時に、別に職業課を新設してその業務の一環に失業保険に関する調査を含めることになった。この時点での社会局の失業保険構想については、次のように報道されていた。

被保険者は工場の雇用者を中心に一五〇万人程度、掛け金は労働者一〇〇〇万円（したがって一人平均年間七円弱）、雇用主一〇〇〇万円に国庫負担が加わり、給付額は日給の六〇％程度が想定されていたという。同じ内容を伝えた別の記事では、被保険者一五〇万人に対して支出額は年間三〇〇〇万円が予定されていること、給付期間は一五週間程度と構想されているとされていた（『神戸又新《ゆうしん》日報』一九二三年五月六日。『神戸新聞』一九二三年五月三日）。憲政会法案に比較すると、対象労働者数がはるかに多い代わりに、給付期間がずっと短く設定されており、広く薄い制度として構想していたことがうかがえる。

また一九二五年五月には、社会局の方針として、失業保険法案を次期議会に提出する意向であると報道されている。そして予想される財界の反対に対しては、雇用主が負担している「解雇手当の支給は三、四百万円に達している」ので、失業保険制度ができてこの支出が不要になることを考慮すれば財界の理解は得られるだろうと見通しを語っており、「政府の決意如何《いかん》に依つては大正十六年より実施することは決して不可能ではないといわれている」と報じられていた（『中外商業新報』一九二五年五月二六日）。

しかしこの報道がなされた三ヵ月後の同年八月には、すでに見たように失業救済事業を六大都市で開始することが内務省から発表されている。この決定の際の内務大臣声明は、「失業者に対して金品を施与するが如きは徒《いたずら》に懶惰《らんだ》の風を助長する弊に陥り易いので力《つと》めて此の方法を避け」るとして、失業保険制度の正当性を否定している（社会局『最近二ヵ年間に於ける我国失業労働者救済事業施行概況』一九二七年九月、一九頁）。

この間の推移については資料的制約によって確定できないが、新聞報道で見るかぎり、この時期以降、失業保険を政府が準備しているという報道はほとんど見られなくなる。社会局として、政界・財界から失業救済事業実施の了解を取りつけるために、失業保険制度についてはさしあたって制度化を具体的目標から降ろしたと想定される。

一九二〇年代後半期―失業保険構想の停止

失業救済事業の開始（一九二五年〈大正一四〉）によって失業保険制度が先送りされることが明確になったが、さらに社会政策に消極的な政友会が政権を握ると（田中内閣の成立は一九二七年〈昭和二〉四月）、政府の失業保険制度に対する対応は消極化し、各種の審議会ではせいぜい「我国情に適応せる失業保険制度に関し調査をなすこと」といった提言がなされるにとどまるようになった。

こうした事態の背景には、社会保険についての社会局行政の重点が一九二七年に実施された健康保険法に対する財界を含む各界からの激しい批判への対処策に集中されており（吉原健二・和田勝『日本医療保険制度史』五八頁）、新たな企業負担、財政負担を必要とする失業保険制度の導入は困難だと判断されたという事情が推測される。

一九三〇年代の失業保険構想

緊縮政策期の構想

一九二九年（昭和四）七月に内閣が民政党（旧憲政会が主体）に交代し、緊縮政策の採用が明確になると、景気の悪化が必至となったため、失業対策の強化が再び要請されることになった。

新設された社会政策審議会は、失業対策について九月に緊急対策を発して失業救済事業の拡大を答申した後、失業問題に対する恒久対策の検討に移り、一二月にその答申を決定している。ここでは失業保険制度についての姿勢をより積極化させているが、多額の国庫負担を予想される新たな政策の採用は、緊縮財政の下では期待しにくかった。

その結果、一九三〇年四月に内務省に設置された失業防止委員会（内相が会長）には検討項目として失業対策に関わる検討項目が列挙されていたが、具体的な構想が議論されることはなく、主として日雇《ひやとい》失業共済制度の奨励方向について議論が進められただけであった（失業防止委員会『失業防止委員会失業対策部審議経過報告』）。

昭和恐慌《きょうこう》によって、失業者が急増している下で、日雇労働者以外の一般労働者に対する失業対策が存在していないことは大きな欠陥として認識されており、失業問題の深刻さを報道していたマスコミは失業保険についても重大な関心を示していた。

『エコノミスト』誌の提案

そうしたなかで、毎日新聞社は『エコノミスト』誌（一九三〇年七月一五日号）に、一般労働者と日雇労働者それぞれのための失業保険制度の構想を発表している。この提案は、主要産業国で失業保険制度を持たないのは日本とアメリカだけであり、早急に制度化を図る必要があるという判断に立って、「世人の想像するほど巨額の出費を要せずして保険の効果をあげ得ることを示」すことを目的としたものであった。

このうち一般労働者を対象とする「失業保険法草案」は、以下のような内容であった。

① 被保険者は二〇歳以上、六〇歳以下の筋肉労働者で、工場法・鉱業法適用の事業所以外に、運輸・交通・通信事業の従事者も含める。

② 保険掛金は国庫、雇用主、被保険者が同額ずつ支払い、被保険者の負担は労働日一日につき五銭（女は四銭）とする。

③ 失業一日当たりの給付額は七〇銭（女は五〇銭）とし、扶養家族がいれば家族手当を加算する。

④ 保険金給付を受け得る者は、二五週以上掛け金を払い、失業前一年間に二〇週以上就業した者にかぎり、失業第八日目から支給し、一年間に一二〇日を限度とする。

⑤ 失業者は居住地の「国立職業紹介所」に登録する。失業の認定は紹介所が行い、失業者は所定の日に紹介所に出頭し、紹介所が命じた場合には職業訓練を受ける。

⑥ 保険会計が赤字になった場合には、国庫から借入金を受け、次期の掛金収入で返済する。

この方式で注目されるのは、第一に、先に見た憲政会、森田良雄らの構想がいずれもドイツの社会保険方式にならって掛金・給付金ともに所得比例方式を採用しているのに対して、イギリス式の定額方式をとっていることである。これは、最低生活さえ保障できればよいという判断にもとづくものであり、小規模な制度で足りるとする現実的判断というべきであろう。

第二に注目されるのは、被保険者の範囲を二〇歳以上とすることによって女工の大半を除外し、代わりに多くの家計支持者を抱えながら健康保険法から排除されている運輸労働者らを加えていることである。失業中の生活を支えなければならない人びとの範囲をどのように確定するかについて、工夫した方式であると評価できる。

この試案がどの程度の反響を呼んだのか、社会局の政策担当者にどの程度の影響を与えたのかについては高い評価はできないが、イギリスの失業保険が財政破綻しつつあったことの轍《てつ》を踏まない工夫も加えていて、重要な問題提起であったといえる。

大阪市の試み

国が失業保険制度を実施しようとしないなかで、小規模ながら地方自治体でこれを試みた事例があるので、それについて一瞥《いちべつ》しておこう。

大阪市は一九三二年（昭和七）六月から大阪市労働共済会の名義によって、一般労働者を対象にした失業保険事業を開始した。この制度については、その素案が報道された一九三一年一一月（『大阪時事新報』一九三一年一一月一日）以降、大いに注目されたが、実質的には失敗してしまったために、その内実は知られていない。しかし、その発想法は十分に吟味しておく価値がある。その基本的しくみは以下のとおりである。

① 被保険者は「大阪市立職業紹介所の紹介による市内就職者にして六ヶ月以上勤続」の一般労働者であって、日雇・季節労働者、女中などは除き、二〇歳から五〇歳未満までとする。

② 保険料は月額五〇銭、七〇銭、一円の三種類のうちから被保険者が選択し、事業主も同額を支払うものとする。

③　保険給付日額は保険料月額と同額とし、一年以上の払込者に払込回数に応じて支払う。一年以上二年までは二五日、二年以上三年までは四〇日、三年以上四年までは六〇日で、以後は一年を加えるごとに二〇日分を増し、一〇年以上は二〇〇日分でとめる。

④　基金三万円を寄付金によって設け、この制度の運営に資する。

この制度は対象者を二〇～五〇歳として、若年女工《じょこう》などを排除し、家族扶養の責任を持つ常勤的労働者の世代に限定し、保険料支払期間と給付期間を連動させている。また掛金と保険金との関係では、先の森田良雄のそれ以上に、貯金払戻型の性格が徹底している。*

＊　たとえば、一年払込者は一年目に本人・事業主がそれぞれ一二日分、合計二四日分を掛金として支払っており、二年目の終わりまでにはさらに二四日分を追加しているが、これに対して給付は二五日分であり、労使の積立貯金の払い戻しにすぎないし、一年一ヵ月から二年までの間は掛金額のほうが給付額よりも多い。

このようにこの制度は、失業保険構想実現の最大の難点であった収支確保の可能性（財政負担の大きさ）を、保険の運営主体である大阪市は財政負担をせずに、労使の掛金の範囲内に給付額を抑えることによって収支を維持しようとしたのである。給付金が当該被保険者分の労使の掛金累計額を超えないしくみであるから、失業率がどれほど高まっても収支は成り立つわけである。

大阪市の失業保険の問題点と帰結

問題は、この程度の給付条件——失業した場合の給付金額は自分で払った掛金累計額の二倍まではいかず、失業しなければ掛け捨てになる——の下で任意加入の制度に十分な加入者がありうるか、さらに法的に強制されない任意制度であるにもかかわらず、雇用主がこれに加入して掛金を支払うかどうかであった。

現実には加入者は予定した一〇〇〇人を大きく下回った。一九三二年（昭和七）九月二七日の市会で山口正社会部長は「失業保険については……現在十二分にその効果を発揮しているということはできない」と述べ、制度の失敗を認めている（大阪市会事務局調査課編『大阪市会史』第二三巻、一九七八年、四〇一頁）。また、雇用主の掛金は集まらず、基金が目減りすることによって機能停止に至ってしまった（大阪市社会部『大阪市設社会事業要覧』一九三六年一一月、八〇頁）。

この事例は、地方自治体が意欲的に構想したとはいえ、失業保険存続の基本的条件である国庫負担も、雇用主掛金の強制も不可能な下では、労働者に十分なメリットを与えることも、制度の安定的存続も不可能であったことを教えている。

労働組合・無産政党の失業給付構想

一九二〇年代には、労働組合・無産政党は、失業しても生活できるしくみを国と雇用主の負担で設けよ、という原則的な主張を繰り返していた。したがって、「失業保険」制度の要求という言葉を使用していても、実質的には労働者の掛金負担のない失業手当制度が要求されていたことになる。

労働団体・無産政党は、第五八回帝国議会（一九三〇年四月二三日〜五月一三日）に「失業手当法案」を提出している。これは七条からなる短い法案であり、議会での力関係からして成立を期待できるものではなかったが、以下のような特徴を持つ注目すべきものであった（『第五十八回帝国議会　衆議院委員会議事速記録』労働組合法案外一件委員会議録、第三回、昭和五年五月一二日）。

① 被保険者は一六歳以上、六五歳以下の雇用者とする。
② 労働者は掛金を支払わず、雇用主は被雇用者一人当たり月一円の掛金を国庫に納め、給付金の不足額と事務経費は国家が負担する。
③ 給付額は失業日当たり一人一円であり、失業しているかぎり支給される。
④ 「失業局の通告したる適当なる職業を受諾せざる者は失業手当を受くる権利を喪失す」。

以上のように、この案は無産労働者の希望を法文化したものである。労働者が掛金を負担しない点については、働いていた時の賃金は最低でも一円五〇銭であるから、一円しか受給しないということは、労働者に責任のない失業について五〇銭の負担をしていることになるとして、これを正当化している。

また、給付金支給が無期限であることが悪用されないように、職業紹介に対する就労義務が明記されている点は、労働組合が原則論だけでなく、制度運用の現実論に配慮していることを示している。

失業保険構想の先送り

政府・社会局が失業保険制度の採用に消極的な態度をとっていたこの時期には、既成政党からの失業保険構想の提案はなくなっている。その背景には、イギリス、ドイツの失業保険が世界恐慌の下で大幅な赤字を生み、国家財政の負担を急増させてしまい、推奨すべき先進事例とは評価できなくなってしまったという現実があった。

失業についての正確な統計がなく、あるいは失業率がどこまで上昇するのかについての見通しが定まらない状況の下で、失業保険の先例が失敗しつつあるという情報が行き渡っていたのであるから、この段階で失業保険制度を構想しようとすれば、失業率の影響を受けない積立貯金方式を選択するか（大阪市の事例）、国庫負担を多額に想定するか（無産政党の場合）、一定の国庫負担と掛金・給付条件の官僚機構による専決的変更を構想するかといった諸方向を検討せざるをえなかった。これに対して政府・社会局は、それらの実現可能性に対する消極的判断から、失業保険構想を先送りしつづけることになったのである。

退職手当制度の法制化

一九三三年（昭和八）の失業対策委員会の審議は、形式的には失業共済制度*の充実を求めるものであった。しかしその審議過程は、失業保険形態での給付制度に対する事業家団体の絶対反対の姿勢を際立たせる役割を演じ、日本的な失業保険制度を構想していた社会局の努力を最終的に封じ込める結果となった。

＊　失業共済制度とは、日雇労働者が失業した日に給付金を受給するしくみであって、一九二〇年代末期を中心に大阪・東京・神戸・名古屋の各市で実施された。これは形式面での類似性から失業保険の一種とみなされることがあるが、日雇労働者は全員が失業するという実態を前提にすれば、登録失業者が失業救済事業に就労した日の賃金を天引きしておいて、失業した日にそれを払い戻すだけであり、実質的には強制天引き貯金にすぎない。

この結果、社会局では失業保険形態への接近の構想はすべて放棄し、中堅規模以上の企業に広く普及していた解雇手当に一定の法的義務づけを図るという方向に転じることになった。それは、失業対策委員会で失業保険を否定する論拠として解雇手当の有効性を主張してきた資本家の論調を逆手にとって、その運用に際して企業の恣《し》意的対応を規制しようとするものであった。

この制度は、常時五〇人以上の労働者を使用する工場・鉱山を対象として、労働者と雇用主に賃金の二%ずつの積立金を義務づけ、さらに企業が任意に賃金の三%以内の積立金を追加できるようにして退職手当積立金を蓄積し、それを原資として、労働者の自己都合退職の場合には本人積立金部分のみを返金し、雇用主都合解雇の場合には雇用主の積立金部分を加えて支給するしくみであった。

この法案に対しても、藤原銀次郎を先頭に資本家団体の執拗な組織的反対運動が展開されたが、今回は衆議院・貴族院ともに法案修正によって適用対象事業場の規模を引き上げる程度の抵抗にとどめ（対象事業場の規模を政府案の「常時三〇人以上」から「常時五〇人以上」に変更したことなど）、それを審議未了に追い込むことはしなかった。こうしてこの法律は一九三六年六月に成立したのである。これが「失業保険の代替策」といわれた解雇手当・退職手当の義務づけの制度であった。

こうして五〇人以下の中小零細企業では何の制度もなく、五〇人を越える企業には法定の解雇手当制度があり、大企業にはそれに加えて上乗せ分の任意の給付部分がありうるという階層制をもって解雇手当制度は定着することになった。かくて戦前日本における失業保険の代替策は、企業への依存関係を強める方向で定着したといえる。

失業問題の現在——エピローグ

戦前期の失業問題とは

本書では五つの章を通じて、およそ以下の事項を明らかにしてきた。「失業問題の歴史を追う」では、失業問題の時期別の推移を扱った。失業問題はそれぞれの時代に形を変えながら存在していたこと、しかし、それが貧困問題一般と区別された国民経済上の独自の重要問題として認識されるようになったのは一定の時期以降であったことを論じた。そして日本では、第一次世界大戦期の経済の急成長、それによる男子労働者の急増を前提として、一九二〇年代から三五年頃にかけて失業問題が深刻化したことを明らかにした。

「失業者の生活と意識」では、失業に陥った人びとの物質生活・精神生活の厳しさと、同時代の人びとにとってそれがどのように認識されていたのかを、当時の新聞記事や当事者の手記などを素材にして明らかにした。また、失業の様相が日雇労働者、事務労働者、一般労働者（工場労働者など）によってそれぞれ特徴的な様相を示しており、したがって対処策の課題も一様ではなかったことが確認された。

「失業問題観と対策論争」では、失業問題をどのように受け止め、どのようにそれに対処すべきかについて、いくつかの特徴的なグループの考え方を検討した。親族による対処や失業者自身の自助努力を基本としつつも、日本にふさわしい失業対策があるべきだと考え、その政策構想を追求していた社会局官僚層と、失業対策が企業経営に対してコスト増加と規制強化をもたらすとしてそれに反対した財界人との対抗関係を軸として、社会政策論者や労働組合の主張などとともに、その時期別の変化を含めて明らかにした。

「唯一実施された失業対策　失業救済事業」では、章題のとおり、戦前に実施された唯一の事業である失業救済事業（土木作業）、俸給生活者失業救済事業（事務労働）について事業の方針と実態を検討した。失業救済事業の規模が当初の低迷・縮小から昭和恐慌《きょうこう》期に急拡大に転じたこと、その背景として事業の実施方針が顕著に変化していたこと、急拡大にもかかわらず、失業者が希望すれば無差別平等に（権利として）就労できる状況には至らなかったことなどが確認された。

「失業保険制度不在の原因と影響」では、実施されなかった失業保険・失業手当制度採用の試みについて、その実態と意義を検討した。雇用主負担と解雇の自由の制約を嫌う財界が拒否反応を見せるなかで、漸進的に制度導入を図ろうと努力が続けられたこと、種々の構想と試みが失敗を続けた結果、最終的には大企業が退職金の一種として任意に支払っていた解雇手当を法的義務とする制度に落ち着いていったことなどを明らかにした。

以上の検討を通じて、戦前期の失業問題・失業対策の基本的内容は整理できたと思われる。戦前日本も失業問題に深くとらわれ、多数の当事者たちがその渦中で苦しみ、それへの対処策をめぐって関係者間の激しい論争と厳しい試行錯誤が繰り返されたこと、政府は対策の必要性を自覚し、その実現に漸進的な努力を試みていたが、採用された政策は治安対策と思想問題対策の意味が大きかった失業救済事業・俸給生活者失業救済事業に限定され、一般労働者への対策は放置されたこと、さらには直接的・間接的の両面において、国の政治的選択に際して失業問題が深く関わっていたことなどを確認することができた。

もちろん本書で論じたことは、戦前の失業問題・失業対策についての概要にすぎない。このほかにも、失業統計の作成上の問題点と失業者数・半失業者数の吟味、職業紹介事業の効果と限界、主要国での失業問題・失業対策との比較など、ふれるべき事項は多数あったが、紙幅の関係で割愛した。

失業問題と戦争の結びつき

失業問題は資本主義経済にとって不可避の客観的な存在であると同時に、個人の精神状況を直撃する社会心理学的な病理現象の基底でもある。失業問題の厳しい時代、多くの人びとが現実の生活水準の低下に苦しんだだけではなく、精神的な拠り所を失い、自分自身と家族の未来に向けた足場を持てなかったことは、時代全体の空気を重苦しくさせざるをえなかった。

日本が、日本よりもはるかに貧しい国々を侵略し、その資源を略奪しようとしたことの原因を、単純に失業問題（および農業問題）に求めることは出来ないにしても、国民の相当部分が出口の見えない失業状況に置かれ、さらに多数の国民がその状況に陥る恐れを実感していたことは、国際競争のなかで負けない日本への期待、利用されていない未開の資源を活用することによる経済回復＝就業機会増加への希求と緊密に結びついていたことを否定することはできない。その意味で戦前の失業問題を、資本主義経済が未熟であった時代の小さなエピソードとして見過ごしてしまうことは適切ではない。

現在の失業問題

失業問題の歴史を知ることは、現在の失業問題について考えることと密接に関連する。たとえば、本書でふれた財界の失業対策反対論には、今日の主流派経済学による失業対策否定論――失業対策をすれば失業が増える――の論点が先取りされている。そのことは、主流派経済学の失業論が、財界人の直感的認識のアカデミックな表現にほかならないことを教えている。もちろんその認識は失業問題を理解するための一面の真理を突いており、無視することはできないが、それが一面の真理でしかないことも確かである。人びとの幸福を増進させるためには、失業した当事者や失業予備軍としての労働者全体を視野にいれた全面的な真理への接近の努力が必要であろう。

今日、失業問題は厳しい状況を見せている。年金財政の観点から高齢者の就業期間の延長の条件作りが進められてきた一方で、新規学卒時に行き場のない人びとが大量に累積されている。バブル経済期の過剰採用とその後の過剰な採用圧縮によって、不安定雇用の波が特定世代に集中して表れ、個人の努力で対応する余地を著しく狭めている。

失業している人びとに対する物質的および精神的支えのしくみを強めるとともに、必要とされるワーク・シェアリングの方向をそれが固有に有する問題点を含めて明らかにし、実現への歩みを確実にすることが今日の焦眉の課題である。そのためにも、戦後の失業対策のめまぐるしい変化が、どのような経済実態と経済政策論・雇用政策論の変容と関わって今日にいたったのかを明らかにし、失業政策の改善をどのように展望することができるかを考察すること、それが著者にとっての次の課題となる。

あとがき

本書は、働かなければ生活できないのに仕事が見つからないという現象、すなわち失業について、近代日本がどのような経験を積み上げてきたのかを整理した著作である。失業がいつ・なぜ起こったのか、そのときに失業の原因は何だと考えられ、したがって、どうすれば失業が解決できると想定されていたのか、政府による失業対策としてはどのような方策が提案され、そのうちで実際に実施された政策はどれであったのか、そしてその効果はどの程度であったのか。本書は、政策担当者の立場と失業者の立場の両側に視点をおいて、これらの問いを検討してみた一応の結果である。

失業問題の歴史を知ったからといって、現実の失業問題を解決できるわけではない。現代特有の国際的・国内的要因によって生じている今日の失業問題に、戦前日本の経験がただちに役立つわけではない。政策環境においても、失業保険制度がなかった戦前と今日とでは大きく異なっている。

しかし、失業を余儀なくされた人びとの苦労と、そこから脱却したいという想いは、戦前も今日も共通しているし、失業対策をめぐる人びとの多様な努力の跡も今日のそれとほとんど同じ様相で、歴史のなかに刻まれている。個々の政策手法の改善方策のための教訓を含めて、こうしたトータルな歴史的経験は、今日の失業問題を検討するための素材の宝庫であるといえる。

たとえば、今日の日本の失業対策は、国際的に比較した場合、官公庁による失業者の雇用策がきわめて少なく、短期限定であるという特徴を持っている。戦前においては、失業者への生活費の支給は国民を怠惰にするとして批判され、失業対策はもっぱら「仕事を与える」政策に限られていたのであるから、現在の状況は戦前とは全く逆である。その理由は、戦前の失業救済事業、戦後の失業対策事業がきわめて否定的に受け取られていることであるが、失業者救済用の公共土木事業は、「お役所仕事」であって、労務管理は甘く、仕事は楽になってしまい、いったん事業を始めればいつまでも止められなくなってしまうという印象がその背景にある。本書は、そうした印象をもたらしている事態がどのような歴史的条件の下で生じたのかを明らかにし、今後の失業対策の中で公的雇用策を国際標準なみに復権させる動きが進むことを密かな願いとして執筆されている。

失業問題は、私にとって重苦しい主題である。歴史分析にせよ、現状分析にせよ、対象としている失業者のなかに私が入っていて、私の家族がそのために苦しんでいるとしたら、私はどのように対処するだろうかと絶えず問われているからである。あるいは、私が一つの職を得ていることによって、私の代わりに失業している人がどのような苦しみを生きているのかを想像せざるをえないからである。

そのような思いにかられながら、失業の歴史についての作業を、明確な全体構想もないままに続けてきた私としては、今回それをまとめる機会を与えられたことはありがたかった。可能であれば、今後は、戦後の出発時点から今日までの失業問題の推移を把握し、歴史と現状分析、解釈と政策提言をつなぐ仕事に進んでいきたいと願っている。

折しも、東日本大震災によって、罹災地の多くの人びとが失業を余儀なくされている。雇用と産業の復旧・復興に向けた対策の提起が、国政の最大課題の一つである現在、失業問題が他人ごとではない切実な問題として、国民的に議論されることが求められている。本書がその際の、ささやかな素材の一つとなり得るとすれば、大変ありがたいことである。

二〇一一年六月四日

加瀬和俊

参考文献

著書

井上友一『救済制度要義』博文館、一九〇九年
尾高煌之助『旧三菱重工の労働統計』一橋大学経済研究所、一九七八年
北岡寿逸『失業問題研究』有斐閣、一九四二年
桑田熊蔵『工場法と労働保険』隆文館、一九〇九年
桑田熊蔵『法学博士桑田熊蔵遺稿集』桑田一夫刊、一九三四年
篠原昌治『社会保険』金原商店、一九二五年
渋沢栄一『渋沢栄一伝記資料　別巻第7』『渋沢栄一伝記資料　別巻第8』渋沢青淵記念財団竜門社、一九六九年
高橋亀吉編『財政経済二十五年誌』政策篇（上）、実業之世界社、一九三二年
高橋亀吉『大正昭和財界変動史　下』東洋経済新報社、一九五五年
「田子一民」編纂会編刊『田子一民』一九七〇年
永井　亨『社会政策綱領』巌松堂書店、一九二三年
藤原銀次郎『労働問題帰趣』博文館、一九二三年
「前田多門」刊行会編刊『前田多門　その文・その人』一九六三年

町田祐一『近代日本と「高等遊民」―社会問題化する知識青年層―』吉川弘文館、二〇一〇年
松浦正孝『日中戦争期における経済と政治―近衛文麿と池田成彬―』東京大学出版会、一九九五年
松村義太郎『失業者にかこまれて』教育刷新社、一九三〇年
森田良雄『失業保険論』巌松堂書店、一九二五年
横山源之助『日本之下層社会』教文館、一八九九年
吉原健二・和田勝『日本医療保険制度史』東洋経済新報社、一九九九年

本書のもとになった著者の論考

本書は一般読者向けの記述を心掛けたために、出典の明示、制度・概念の説明、統計項目の定義などについて、立ち入った説明を省略している部分がある。それらの点についてより厳密な検討を意図する場合には、本書の記述の元になっている著者の下記の著作を参照していただければ幸いである。

（1）「戦前日本の失業統計―『失業状況推定月報』の信憑性―」『社会科学研究』四八巻五号、一九九七年三月
（2）「解題　戦前日本の失業統計―その推移と特徴―」『戦前期失業統計集成』本の友社、一九九七年五月、第一巻。および各巻解題
（3）『戦前日本の失業対策―救済型公共土木事業の史的分析―』日本経済評論社、一九九八年二月
（4）「職員層失業対策の歴史的特質―小額給料生活者失業救済事業の意義―」『社会科学研究』五六巻二号、二〇〇五年二月

(5)「日本の失業対策―国際比較と歴史的背景の視点から―」『国際比較の中の失業者と失業問題―日本・フランス・ブラジル―』東京大学社会科学研究所研究シリーズ№一九、二〇〇六年二月
(6)「戦前日本の失業保険構想」『社会科学研究』五八巻一号、二〇〇六年九月
(7)「現代日本における失業対策の圧縮とその歴史的背景」『歴史と経済』一九五号、二〇〇七年四月
(8)「戦間期日本における失業問題と労働者意識」東京歴史科学研究会『人民の歴史学』一七七号、二〇〇八年一〇月
(9)「失業対策の意図と帰結―近代日本の経験から―」『歴史評論』七二一号、二〇一〇年五月

失業問題・失業対策関連年表

年次	事件など	失業対策	関連政策など	物価水準 米価（一石当り）	物価水準 鍛冶工日給	物価水準 消費者物価
一九一七				20円30銭	91銭	
一九一八	8月　米騒動	6月　救済事業調査会官制	7月　大原社会問題研究所創設	32円80銭	1円17銭	
一九一九			10月　ＩＬＯ設立 12月　協調会設立	46円	1円67銭	
一九二〇	3月　戦後恐慌	8月　内務省社会局設置（内局）	1月　講和条約公布	44円60銭	2円18銭	
一九二一	造船企業などで争議相次ぐ	4月　職業紹介法公布（7月施行）		30円80銭	2円13銭	
一九二二		11月　社会局設置（外局）	2月　海軍軍縮条約調印 4月　健康保険法公布	35円10銭	2円15銭	236
一九二三	9月　関東大震災			32円80銭	2円13銭	221

年次	事件など	失業対策	関連政策など	物価水準 米価（一石当り）	物価水準 鍛冶工日給	物価水準 消費者物価
一九二四				38円60銭	2円18銭	221
一九二五		8月 失業救済事業実施発表 10月 失業統計調査実施（24地域）	4月 治安維持法公布	41円60銭	2円24銭	218
一九二六				37円90銭	2円25銭	199
一九二七	3～4月 金融恐慌		1月 健康保険法施行	35円30銭	2円29銭	189
一九二八	3月 左翼分子一斉検挙（三・一五事件）			31円	2円30銭	184
一九二九	4月 左翼分子一斉検挙（四・一六事件） 7月 浜口内閣発足（緊縮財政）	7月 社会政策審議会官制公布	5月 救護法公布	29円10銭	2円29銭	181

	10月　世界恐慌勃発	10月　俸給生活者失業救済事業通牒				
一九三〇	1月　金輸出解禁 11月　浜口首相狙撃さる	4月　失業防止委員会官制公布 10月　失業者調査実施（国勢調査）		25円60銭	2円15銭	155
一九三一	9月　満洲事変 12月　犬養内閣発足　金輸出再禁止	日雇失業救済事業規模ピーク	3月　小作法案、労働組合法案が不成立	18円50銭	2円4銭	136
一九三二	5月　五・一五事件（犬養首相暗殺）	日雇失業救済事業登録者数ピーク	8月　救農議会　救農土木事業開始（〜一九三四年度）	21円20銭	2円8銭	137
一九三三	2月　日本、国際連盟を脱退	俸給生活者失業救済事業ピーク		21円60銭	2円23銭	146
一九三四				26円10銭	2円45銭	149

年次	事件など	失業対策	関連政策など	物価水準 米価（一石当り）	物価水準 鍛冶工日給	物価水準 消費者物価
一九三五		6月 退職手当法案要項発表、財界の反対運動広がる		29円90銭	2円44銭	152
一九三六	2月 二・二六事件 この年、労働組合員数がピーク	6月 退職積立金及退職手当法公布（一九三七年一月施行）		30円70銭	2円41銭	159
一九三七	7月 日中戦争勃発			32円40銭	2円72銭	174
一九三八		1月 厚生省設置 4月 職業紹介所が市町村営から国営へ 7月 失業対策委員会官制	4月 国民健康保険法公布	34円30銭	2円88銭	200
一九三九			3月 賃金統制令	37円30銭	3円17銭	224

			7月　国民徴用令			
一九四〇	労働組合の解散続く		11月　大日本産業報国会創立	43円30銭		260

注1　米価は深川正米市場の年平均価格。『日本史辞典』岩波書店、一九九九年、一七六六頁。

2　「鍛冶工日給」は大川一司ほか編『長期経済統計8　物価』二四四頁。

3　「消費者物価指数」（東京市）は一九一四年七月を一〇〇とする。日本銀行統計局「東京小売物価指数」による。

著者紹介

一九四九年、千葉県に生まれる
一九七四年、東京大学大学院経済学研究科修士課程修了
一九七五年、東京大学大学院経済学研究科博士課程中途退学
東京水産大学助教授を経て、
現在、東京大学社会科学研究所教授

主要著書
『戦前日本の失業対策』（日本経済評論社、一九九八年）
『集団就職の時代』（青木書店、一九九七年）

歴史文化ライブラリー
328

失業と救済の近代史

二〇一一年（平成二十三）九月一日　第一刷発行

著　者　加《か》瀬《せ》和《かず》俊《とし》

発行者　前田求恭

発行所　株式会社 吉川弘文館
東京都文京区本郷七丁目二番八号
郵便番号一一三—〇〇三三
電話〇三—三八一三—九一五一〈代表〉
振替口座〇〇一〇〇—五—二四四
http://www.yoshikawa-k.co.jp/
印刷＝株式会社 平文社
製本＝ナショナル製本協同組合
装幀＝清水良洋・星野槇子

ISBN978-4-642-05728-8

歴史文化ライブラリー

1996.10

刊行のことば

現今の日本および国際社会は、さまざまな面で大変動の時代を迎えておりますが、近づきつつある二十一世紀は人類史の到達点として、物質的な繁栄のみならず文化や自然・社会環境を謳歌できる平和な社会でなければなりません。しかしながら高度成長・技術革新にともなう急激な変貌は「自己本位な刹那主義」の風潮を生みだし、先人が築いてきた歴史や文化に学ぶ余裕もなく、いまだ明るい人類の将来が展望できていないようにも見えます。このような状況を踏まえ、よりよい二十一世紀社会を築くために、人類誕生から現在に至る「人類の遺産・教訓」としてのあらゆる分野の歴史と文化を「歴史文化ライブラリー」として刊行することといたしました。

小社は、安政四年（一八五七）の創業以来、一貫して歴史学を中心とした専門出版社として書籍を刊行しつづけてまいりました。その経験を生かし、学問成果にもとづいた本叢書を刊行し社会的要請に応えて行きたいと考えております。

現代は、マスメディアが発達した高度情報化社会といわれますが、私どもはあくまでも活字を主体とした出版こそ、ものの本質を考える基礎と信じ、本叢書をとおして社会に訴えてまいりたいと思います。これから生まれでる一冊一冊が、それぞれの読者を知的冒険の旅へと誘い、希望に満ちた人類の未来を構築する糧となれば幸いです。

吉川弘文館

歴史文化ライブラリー

近・現代史

歴史文化ライブラリー

- 地図から消えた島々 幻の日本領と南洋探検家たち ― 長谷川亮一
- 日中戦争と汪兆銘《おうちょうめい》 ― 小林英夫
- 「国民歌」を唱和した時代 昭和の大衆歌謡 ― 戸ノ下達也
- 特務機関の謀略 諜報とインパール作戦 ― 山本武利
- 〈いのち〉をめぐる近代史 堕胎から人工妊娠中絶へ ― 岩田重則
- 戦争とハンセン病 ― 藤野 豊
- 皇軍慰安所とおんなたち ― 峯岸賢太郎
- 日米決戦下の格差と平等 銃後信州の食糧・疎開 ― 板垣邦子
- 敵国人抑留 戦時下の外国民間人 ― 小宮まゆみ
- 銃後の社会史 戦死者と遺族 ― 一ノ瀬俊也
- 国民学校 皇国の道 ― 戸田金一
- 学徒出陣 戦争と青春 ― 蜷川壽惠
- 〈近代沖縄〉の知識人 島袋全発の軌跡 ― 屋嘉比 収
- 沖縄戦 強制された「集団自決」 ― 林 博史
- 太平洋戦争と歴史学 ― 阿部 猛
- スガモプリズン 戦犯たちの平和運動 ― 内海愛子
- 戦後政治と自衛隊 ― 佐道明広
- 紙 芝 居 街角のメディア ― 山本武利
- 団塊世代の同時代史 ― 天沼 香
- 闘う女性の20世紀 地域社会と生き方の視点から ― 伊藤康子
- 女性史と出会う ― 総合女性史研究会編
- 丸山真男の思想史学 ― 板垣哲夫
- 文化財報道と新聞記者 ― 中村俊介

文化史・誌

- 楽園の図像 海獣葡萄鏡の誕生 ― 石渡美江
- 毘沙門天像の誕生 シルクロードの東西文化交流 ― 田辺勝美
- 世界文化遺産 法隆寺 ― 高田良信
- 語りかける文化遺産 ピラミッドから安土城・桂離宮まで ― 神部四郎次
- 密教の思想 ― 立川武蔵
- 霊場の思想 ― 佐藤弘夫
- 四国遍路 さまざまな祈りの世界 ― 星野英紀・浅川泰宏
- 跋扈《ばっこ》する怨霊 祟りと鎮魂の日本史 ― 山田雄司
- 藤原鎌足、時空をかける 変身と再生の日本史 ― 黒田 智
- 変貌する清盛 『平家物語』を書きかえる ― 樋口大祐
- 鎌倉 古寺を歩く 宗教都市の風景 ― 松尾剛次
- 鎌倉大仏の謎 ― 塩澤寛樹
- 日本禅宗の伝説と歴史 ― 中尾良信
- 水墨画にあそぶ 禅僧たちの風雅 ― 高橋範子

歴史文化ライブラリー

歴史文化ライブラリー

ヒトとミミズの生活誌——中村方子
書物に魅せられた英国人 フランク・ホーレーと日本文化——横山 學
夏が来なかった時代 歴史を動かした気候変動——桜井邦朋
天才たちの宇宙像——桜井邦朋

民俗学・人類学

歴史と民俗のあいだ 海と都市の視点から——宮田 登
神々の原像 祭祀の小宇宙——新谷尚紀
女人禁制——鈴木正崇
民俗都市の人びと——倉石忠彦
鬼の復権——萩原秀三郎
海の生活誌 半島と島の暮らし——山口 徹
山の民俗誌——湯川洋司
雑穀を旅する——増田昭子
自然を生きる技術 暮らしの民俗自然誌——篠原 徹
川は誰のものか 人と環境の民俗学——菅 豊
番と衆 日本社会の東と西——福田アジオ
記憶すること・記録すること 聞き書き論ノート——香月洋一郎
番茶と日本人——中村羊一郎
踊りの宇宙 日本の民族芸能——三隅治雄
日本の祭りを読み解く——真野俊和
江戸東京歳時記——長沢利明
柳田国男 その生涯と思想——川田 稔
婚姻の民俗 東アジアの視点から——江守五夫
アニミズムの世界——村武精一
海のモンゴロイド ポリネシア人の祖先をもとめて——片山一道

世界史

秦の始皇帝 伝説と史実のはざま——鶴間和幸
渤海《ぼっかい》国興亡史——濱田耕策
黄金の島 ジパング伝説——宮崎正勝
琉球と中国 忘れられた冊封使——原田禹雄
アジアのなかの琉球王国——高良倉吉
王宮炎上 アレクサンドロス大王とペルセポリス——森谷公俊
魔女裁判 魔術と民衆のドイツ史——牟田和男
フランスの中世社会 王と貴族たちの軌跡——渡辺節夫
古代インド文明の謎——堀 晄
スカルノ インドネシア「建国の父」と日本——後藤乾一・山﨑 功
ヒトラーのニュルンベルク 第三帝国の光と闇——芝 健介
人権の思想史——浜林正夫

歴史文化ライブラリー

グローバル時代の世界史の読み方——宮崎正勝

考古学

農耕の起源を探る イネの来た道——宮本一夫
縄文の実像を求めて——今村啓爾
O脚だったかもしれない縄文人 人骨は語る——谷畑美帆
吉野ケ里遺跡 保存と活用への道——納富敏雄
交流する弥生人 金印国家群の時代の生活誌——高倉洋彰
古　墳——土生田純之
銭の考古学——鈴木公雄
太平洋戦争と考古学——坂詰秀一

古代史

邪馬台国　魏使が歩いた道——丸山雍成
邪馬台国の滅亡 大和王権の征服戦争——若井敏明
日本語の誕生 古代の文字と表記——沖森卓也
日本国号の歴史——小林敏男
古事記の歴史意識——矢嶋　泉
古事記のひみつ 歴史書の成立——三浦佑之
日本神話を語ろう イザナキ・イザナミの物語——中村修也
〈聖徳太子〉の誕生——大山誠一
聖徳太子と飛鳥仏教——曾根正人
倭国と渡来人 交錯する「内」と「外」——田中史生
大和の豪族と渡来人 葛城・蘇我氏と大伴・物部氏——加藤謙吉
飛鳥の朝廷と王統譜——篠川　賢
飛鳥の宮と藤原京 よみがえる古代王宮——林部　均
飛鳥の文明開化——大橋一章
古代出雲——前田晴人
エミシ・エゾからアイヌへ——児島恭子
古代の蝦夷《えみし》と城柵《じょうさく》——熊谷公男
悲運の遣唐僧 円載の数奇な生涯——佐伯有清
遣唐使の見た中国——古瀬奈津子
白村江の真実　新羅王・金春秋の策略——中村修也
古代の皇位継承 天武系皇統は実在したか——遠山美都男
持統女帝と皇位継承——倉本一宏
高松塚・キトラ古墳の謎——山本忠尚
壬申の乱を読み解く——早川万年
骨が語る古代の家族 親族と社会——田中良之
家族の古代史 恋愛・結婚・子育て——梅村恵子
万葉集と古代史——直木孝次郎

歴史文化ライブラリー

中世の借金事情——井原今朝男
庭園の中世史 足利義政と東山山荘——飛田範夫
中世の災害予兆 あの世からのメッセージ——笹本正治
土一揆の時代——神田千里
一休とは何か——今泉淑夫
蓮　如——金龍　静
中世武士の城——斎藤慎一
武田信玄——平山　優
歴史の旅 武田信玄を歩く——秋山　敬
武田信玄像の謎——藤本正行
戦国大名の危機管理——黒田基樹
戦国時代の足利将軍——山田康弘
戦国を生きた公家の妻たち——後藤みち子
鉄砲と戦国合戦——宇田川武久
信長のおもてなし 中世食べもの百科——江後迪子
よみがえる安土城——木戸雅寿
検証 本能寺の変——谷口克広
加藤清正 朝鮮侵略の実像——北島万次
北政所と淀殿 豊臣家を守ろうとした妻たち——小和田哲男
ザビエルの同伴者 アンジロー 戦国時代の国際人——岸野　久
海賊たちの中世——金谷匡人
中世 瀬戸内海の旅人たち——山内　譲

近世史

神君家康の誕生 東照宮と権現様——曽根原　理
江戸御留守居役 近世の外交官——笠谷和比古
検証 島原天草一揆——大橋幸泰
隠居大名の江戸暮らし 年中行事と食生活——江後迪子
大名行列を解剖する 江戸の人材派遣——根岸茂夫
赤穂浪士の実像——谷口眞子
大江戸八百八町と町名主——片倉比佐子
江戸の武家名鑑 武鑑と出版競争——藤實久美子
江戸時代の身分願望 身上りと上下無し——深谷克己
次男坊たちの江戸時代 公家社会の〈厄介者〉——松田敬之
江戸時代の孝行者 「孝義録」の世界——菅野則子
近世の百姓世界——白川部達夫
百姓一揆とその作法——保坂　智
江戸の寺社めぐり 鎌倉・江ノ島・お伊勢さん——原　淳一郎
宿場の日本史 街道に生きる——宇佐美ミサ子